"十三五"国家重点出版物出版规划项目

平安交通与绿色交通发展研究论丛

Mobility as a Service

Research and Exploration

出行即服务（MaaS）研究与探索

刘向龙　刘好德　李香静　编著

人民交通出版社股份有限公司

北京

内 容 提 要

本书在讨论出行即服务(Mobility as a Service,MaaS)概念与特征基础上,综述了国内外MaaS最新研究与应用进展;探索了MaaS生态、业务及技术体系框架;以不同视角研究了MaaS服务评价方法;从基础能力建设、关键技术研发、综合应用示范、战略伙伴关系构建等方面探索了我国MaaS发展路径;同时,围绕MaaS政策规制、系统规划、服务供给、商业模式等对MaaS进行了展望。

本书适用于各级城市交通管理部门、运输服务企业、互联网出行服务商、汽车制造商、数据与地图服务商、科研机构、大专院校的管理者和科研人员。

图书在版编目(CIP)数据

出行即服务(MaaS)研究与探索/刘向龙,刘好德,李香静编著.—北京:人民交通出版社股份有限公司,2020.12

ISBN 978-7-114-16963-2

Ⅰ.①出… Ⅱ.①刘… ②刘… ③李… Ⅲ.①交通规划—研究 Ⅳ.①U491.1

中国版本图书馆CIP数据核字(2020)第239985号

Chuxing ji Fuwu(MaaS) Yanjiu yu Tansuo

书　　名:出行即服务(MaaS)研究与探索
著 作 者:刘向龙　刘好德　李香静
责任编辑:刘　博
责任校对:刘　芹
责任印制:刘高彤
出版发行:人民交通出版社股份有限公司
地　　址:(100011)北京市朝阳区安定门外外馆斜街3号
网　　址:http://www.ccpcl.com.cn
销售电话:(010)59757973
总 经 销:人民交通出版社股份有限公司发行部
经　　销:各地新华书店
印　　刷:北京虎彩文化传播有限公司
开　　本:720×960　1/16
印　　张:10.75
字　　数:186千
版　　次:2020年12月　第1版
印　　次:2020年12月　第1次印刷
书　　号:ISBN 978-7-114-16963-2
定　　价:80.00元

前 言

Preface

出行是人类的基本生存需求之一，交通运输是实现出行的重要载体和手段，交通运输的服务品质与效能直接影响着人们的出行体验，是人民群众获得感、幸福感、安全感等美好生活向往的重要组成部分。

改革开放以来，随着我国社会经济的高速发展，一方面大量人口涌入城市，城市规模不断扩大，使得出行需求急剧增长；另一方面城市公共交通供给能力与服务品质的欠缺使得小汽车快速进入家庭，多重因素致使城市交通供需矛盾和拥堵状况日益严重，城市普遍存在行车、乘车、停车、候车等出行难问题，严重影响了城市居民生活品质和社会经济发展。2012 年，国家公交优先发展战略的提出以及交通运输部历经 10 年实施的“公交都市”示范创建工程极大推动了我国城市公共交通系统的快速发展，一定程度上满足了城市的主体客运基本出行需求，为保障我国城镇化快速发展时期的客运出行、缓解城市交通拥堵起到了关键作用。

近年来，智能手机的快速普及带来了移动互联网、移动支付技术的快速发展，在国家大力实施“互联网＋”行动计划、鼓励发展“共享经济与平台经济”的背景下，网约汽车、共享单车、定制公交、共享停车等共享化、个性化需求响应型出行服务业态得到快速发展，极大丰富了人们的出行体验，但与此同时也引发了一系列新的交通与社会问题。面对交通供给资源紧缺背景下个性化出行需求和集约化出行要求之间的现实困境，迫切需要研究构建与私家车出行相比具有竞争力的多模式协同一体化公共出行服务体系，而出行即服务(MaaS)理念的出现为破解该问题提供了一种可能的解决途径。2019 年 9 月 19 日，中共中央、国务院印发的《交通强国建设纲要》也提出了“打造基于移动智能终端技术的服务系统，实现出行即服务”的明确要求，为加快出行服务从“走得了”向“走得好”转变指明了方向。

2015 年，法国波尔多世界智能交通大会中 MaaS 首次成为全球智能交通领域的热门议题。本书的作者长期从事城市交通战略政策与智能化技术研究工作。主要作者刘向龙博士参加了本次 MaaS 主题论坛，并在回国后开展了持续跟踪 MaaS 的研究。在此过程中伴随全球共享经济尤其是我国共享出行的发展浪潮，作者结合所在团队对全国城市客运发展态势的长期跟踪与理解，以及城市客运企业、交通行业管理部门、科研院所、科技产业公司等对 MaaS 的认识，发现面对新的城市客运压力与挑战形势，一方面国内各方对 MaaS 的认知和理解均处在探索阶段，缺乏体系性的认知来源；另一方面，新的信息技术背景及产业发展环境等对全国城市客运企业与行业管理部门的技术人员和管理人员的认知都提出了更高的系统性要求。基于此，我们在从事相关科研项目的基础上，整理编著了本书。

本书中的有关科研工作得益于国家重点研发计划项目（2018YFB1402703）的大力资助，得益于广东省交通运输厅、苏州市交通运输局以及出行相关企业的战略合作项目的支持，得益于“城市公共交通智能化技术交通运输行业重点实验室”的实验条件支持，谨此致谢！

本书的章节框架、内容选择以及统稿工作由交通运输部科学研究院刘向龙博士、刘好德博士、李香静女士负责，审稿由刘向龙博士完成。吴忠宜博士和祁昊先生参与了本书部分章节的起草和全书校稿工作。本书编著基于中央级公益性科研院所基本科研业务费项目“中国出行即服务 MaaS 体系框架与发展路径研究”成果，并得到了交通运输部科学研究院石宝林院长的鼓励、支持与帮助。同时，在写作过程中得到了东南大学陈学武教授、同济大学杨晓光教授、北京市交通委员会张可研究员思想与观点上的襄助。此外，在写作过程中还参考了大量国内外学者的研究成果与技术文献；出版过程中得到了人民交通出版社股份有限公司杨丽改女士、刘博先生字斟句酌地修改完善，在此一并表示衷心感谢！

由于 MaaS 属于新技术条件下产生的新运输服务理念，国内外虽已有了相关理论研究与应用探索，但总体而言仍处在初步发展阶段。同时，由于能力与时间原因，本书亦不乏纰漏之处，但希望本书能抛砖引玉，吸引更多的科研学术人员、行业管理及从业人员、产业科技公司等热衷者致力于 MaaS 的理论研究与应用实践工作，以促进其发展。

编著者

2020 年 10 月

符号及缩略语

AI——Artificial Intelligence 人工智能
APDS——Alliance for Parking Data Standards 停车数据标准联盟
API——Application Programming Interface 应用程序接口
APP——Application 应用程序
APTS——Advanced Public Transport System 高级公共交通系统
BEV——Battery Electric Vehicle 纯电动汽车
B2B——Business-to-Business 商对商
B2C——Business-to-Customer 商对客
CIM——Common Information Model 通用信息模型
DoA——Description of Action 行动说明
DRT——Demand Responsive Transport 需求响应型运输
GBFS——The General Bikeshare Feed Specification 通用自行车共享数据标准
GIP——Graph Integration Platform 图形集成平台
GNSS——Global Navigation Satelite System 全球卫星定位系统
GTFS——The General Transit Feed Specification 通用公共交通数据标准
HMI——Human Machine Interface 人机交互接口
ICT——Information Communications Technology 信息通信技术
ITS——Intelligent Transport System 智能交通系统
MaaS——Mobility as a Service 出行即服务
MLG——Multi-level Governance 多级治理体系
MOD——Mobility on Demand 按需出行
MRT——Mass Rapid Transit 大众捷运系统
NeTEx——Network Timetable Exchange 网络实时交换
NFC——Near Field Communication 近场通信
OJP——Open Journey Planning 开放式出行规划
OTP——Open Trip Planner 开放式出行规划
OTA——Open Travel Alliance 开放式出行联盟
PDA——Personal Digital Assistant 个人数字助手
POI——Point of Interest 兴趣点

QoS——Quilty of Service 服务质量
RFID——Radio Frequency Identification 射频识别技术
TOD——Transit Oriented Delvelopment 以公交为导向的开发
Wi-Fi——Wireless Fidelity 无线保真技术

目 录

第一章 绪 论

第一节 交通与出行

1933 年 8 月，国际现代建筑协会(Congrès International d'Architecture Modern，CIAM)在雅典会议上制定了一份关于城市规划的纲领性文件——《城市规划大纲》，即《雅典宪章》。《雅典宪章》首先指出，城市规划的目的是解决和满足居住、工作、游憩与交通四大功能活动的正常进行。

交通作为城市四大功能之一，起着联系居住、工作、游憩的作用。工业革命的兴起，汽车工业的崛起，以及城市化进程的加快，使得世界各国的现代城市普遍地面临着交通拥挤、交通安全和环境污染等城市病问题。纵观国际上城市交通出行方式的发展，其发展大致可以分为三个阶段：第一阶段是"以车为本"的发展阶段，城市机动车数量高速增长，交通拥堵严重，出行效率较低；第二阶段是"公交优先发展阶段"，公交引导城市发展，改善城市的交通规划和出行效率；第三阶段是"更高级的发展阶段"，在公交主导的城市交通发展基础上，实施理性的交通需求管理，向"以人为本"的可持续的方向发展。

可持续交通系统是指所有对环境影响小的运输方式，包括公共交通、步行、骑行、以公交为导向(TOD)的发展模式、绿色车辆、车辆共享，以及通过节能、空间储备、促进健康的交通方式组成的交通系统。可持续性交通出行是继可持续发展之后，被用于描述交通系统出行状态的新概念。有关可持续性交通出行的定义很多，国际上常见的如可持续流动性(Mobility)等。

一直以来，人们不断追求出行的自由、便利和快捷，每个人渴望拥有自己的交通工具，可以实现"门到门"的即时准时出行。然而，对于交通拥堵这样一个全球性的难题,想要完全避免并不可能,在交通拥堵治理的过程中,找到经济性、便利性和等待时间之间的平衡是关键。公共交通的发展力图解决这一问题,但是由于复杂的交通环境,存在先天的集约化公共交通服务供给与分散式出行需求之间的矛盾,其虽然经济,但在便利性、准时性,以及相对于私家车出行的品质和用户体验方面,距离出行者的诉求差距仍然较大。

近年来,随着互联网技术的发展,移动互联网深刻变革了传统服务业的经营模式,在信息对称与业务撮合方面为用户和服务主体提供了即时交易平台。全球共享经济的兴起,也为社会资源提供共享的公共服务提供了平台,改善了服务,甚至重建了服务与被服务的用户和主体关系。最早于美国出现的 Uber、Lyft,到我国滴滴出行、神州专车、首汽用车等网络预约出租汽车的大规模发展,从早期的初始发展,经历了寡头、多元竞争与多服务模式四个阶段后,经营市场不断规范,已经形成相对新的出租汽车服务形式。相应的,我国汽车分时租赁、定制公交、共享单车等出行服务新业态也快速发展,成为世界上具有最大规模共享出行服务的国家。新的出行服务方式已经广泛为人们接受。

欧洲一直是可持续交通、绿色出行发展最积极、最具代表性的区域。一些国家基于轨道交通、公共汽电车、出租汽车、汽车租赁等,探索以人为本,以"出行即服务"(Moblity as a Service,MaaS)的理念,提供无缝衔接、安全便捷和舒适的出行服务。MaaS 概念的提出最早出现于2014 年在芬兰赫尔辛基召开的欧盟智能交通大会上,并于 2015 年在法国波尔多召开的世界智能交通系统(Intelligent Transport Systems,ITS)大会上开始逐渐成为全球智能交通领域的热门议题。2016 年,在欧盟 ITS 协会的牵头组织下,由政府、协会、运输界、产业界、学术界等 18 个初始成员单位发起,联合成立了全球首个公私合作的区域性 MaaS 联盟,并设立了用户需求、市场分析、法规体制、工程技术等四个工作组,协同开展前期研究工作。MaaS 联盟的成立为全球 MaaS 理论、方法、技术及应用等的发展奠定了基础。

MaaS 目前已经成为交通运输领域人的移动性问题的热门研究方向。2019 年 12 月 20 日,法国在宪法委员会审查通过《出行指导法》,并于 12 月 24 日由政府颁布实施。这项法案主要针对当前由于科技进步和互联网大数据发展对传统交通运输产生的根本性变革,就原有《交通运输法典》提出修改建议,从而使《交通运输法典》能更好地适用于互联网时代下交通运输管理和服务的需要,更好地满足公众出行需求。法案中以"出行"(Mobility)概念取代传统的"运输"(Transport)概念,从而扩大《交通运输法典》的适用范围;将"运输"修改为"出行"是该法案最为核心的内容,由此原有的"运输权"变更为"出行权","运输系统”变更为“出行系统”,“运输服务”变更为“出行解决方案”。

第二节 MaaS 基本概念与特征

MaaS 概念起源于欧洲,我国学者按照计算机学科中 IaaS、PaaS、SaaS 等相关概念将 MaaS 翻译为“出行即服务”。尽管公共部门和私营组织对 MaaS 这一概念都很感兴趣,但目前尚未达成共识。2017 年,欧盟 MaaS 联盟发布的 MaaS 白皮书提出了公共部门和私营组织之间的第一个共识定义:“MaaS 是将各种形式的运输服务整合到可按需访问的单个出行服务中。对于用户而言,MaaS 通过单个应用程序提供了增值服务,通过单个支付渠道而不是多个票务和支付操作来提供出行访问。”2019 年,欧洲城市交通运输管理局将 MaaS 描述为:“通过出行即服务(MaaS),客户可以根据他们的出行偏好和特定行程,按需管理其所有出行需求。该服务基于各种公共和商业交通模式的无缝集成,并通过数字接口交付。该服务使多式联运成为可能,能够提供规划、预订、途中支持、付款以及计划行程变更等服务。MaaS 还可以洞悉城市和当局的需求和居民出行行为,从而使服务和基础设施投资更具针对性。”

国际公共交通联合会(International Association of Public Transport,UITP)作为国际公共交通管理机构和运营商组织,将 MaaS 定义为:“出行即服务(MaaS)是以活跃客流和高效的公共交通系统为基础,将不同交通服务(例如公共交通、拼车、共享汽车、共享自行车、共享踏板车、出租汽车、代驾)集成到一个可访问单一的数字出行服务中。这项定制的服务会根据用户的旅行需求提供最合适的解决方案。MaaS 随时可用,并提供综合规划、预订和付款以及路线信息,提供便捷的出行服务,无须拥有汽车便可享受生活。”

伦敦大学学院的 MaaSLab 提出了一个定义:“MaaS 是一个以用户为中心的智能出行管理和分配系统,MaaS 服务运营商整合多个运输服务提供商的产品,通过数字接口为最终用户提供了访问权限,从而使他们能够无缝规划和支付出行费用。”MaaSLab 关于 MaaS 的概念示意如图 1-1 所示。

总的来说,MaaS 概念可概括为:对出行过程涉及的要素进行整合,形成覆盖完整出行流程的整合产品,通过统一平台向用户提供,实现产品的单次支付和产品使用过程中的一证化通行。

出行即服务并不是一种全新的概念和服务形式,通常被理解为通过公共、私人和共享交通方式组合出行的移动愿景。而公共交通作为出行的主体,最适合引导 MaaS 的发展,因为公共交通能够实现最大的用户效率,拥有模式组合中最大的市场份额和用户群体,在发展过程中可以获得大量的补贴,且适合所有类型的旅行者,无论年轻人还是老年人、富人和经济上的弱势群体。

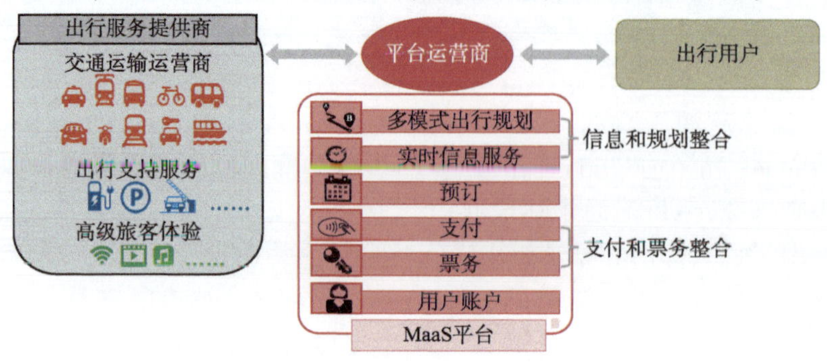

图 1-1　MaaS 概念示意图

综合以上定义,出行即服务具有以下显著的趋势化特征:一是共享化,MaaS 注重交通服务的提供而不是车辆的拥有;另外,作为乘客,不只是交通服务的享受者,同时也是交通数据的提供者与分享者,通过数据来改变和优化整个出行服务;二是一体化,把各种模式进行高度的整合,集成信息服务的同时,实现路径规划、票务清分、支付以及评价体系的一体化;三是人本化,以人为本,其主要目标是针对不同偏好的出行个体,更好提供适合其需求的无缝衔接、安全便捷和舒适的出行服务;四是低碳化,为了节能减排,引导出行者扩大绿色出行的比例,减少私家车的出行。

参考国际上对于 MaaS 架构层级的划分,为了便于理解,从用户的角度,即从不同的主体类型划分,大体可以分为基础设施、运输服务、数据服务、MaaS 服务、MaaS 用户五层,各层描述如下,各层间逻辑关系如图 1-2 所示。

(1)基础设施:提供出行服务的设施、装备,乃至管理、法规制度,等等,属于 MaaS 供给层面的资源。

(2)运输服务:公交公司、出租汽车公司等运输服务运营主体,基于供给资源开展运输服务,基本上为“有经营资质”的传统运输服务提供商。

(3)数据服务:为运输服务提供商提供数据服务的提供商,包含地图服务提供商、通信运营商、支付平台等,也包括出行者,因为其作为乘客也在分享数据。

(4)MaaS 服务:为出行者提供预约出行服务的运营商,MaaS 服务模式下,指出行服务新业态经营平台业户(如网约车平台公司、共享单车平台公司等),其主要职能在于把线下的运输服务资源整合到线上,为出行者和服务提供者提供信息服务,随着新业态的不断规范,也开始承担更多的运输者义务和责任。

(5)MaaS用户：指出行者，在新的出行服务模式下，传统意义上的乘客已经成为出行即服务系统的“用户”。

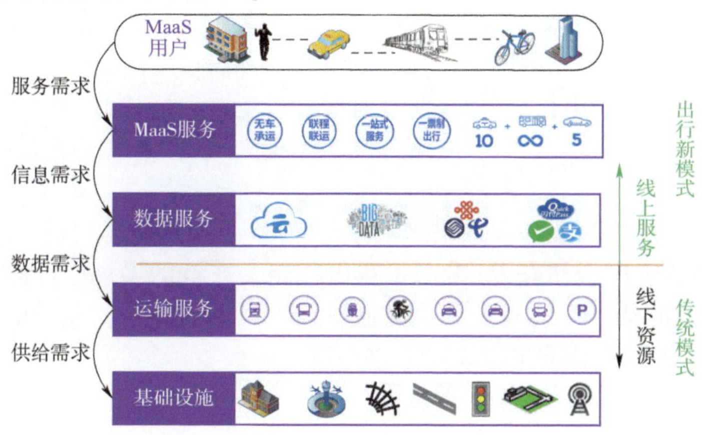

图1-2 MaaS架构层级图

五个层次在逻辑上独立，物理上可能存在重叠。如(1)和(2)，即传统意义的“重资产”经营形式；如(2)和(3)，若运输服务提供商自建信息平台、自己经营数据，则两者物理上重叠。

从以上五个层次可以看出，近年来我国面对网络预约出租汽车等新业态的规制，最大难题在于传统的法律法规等只适用于运输服务层，运输服务提供商早期更多地被定义为平台企业而非运输服务企业，因此缺乏管制和规范。

第三节 发展MaaS的意义

MaaS作为一种理念，是社会分工进一步细化的体现，对于重塑城市规划、改善交通服务、节能减排和促进产业发展都具有重要意义。

(1)城市交通发展的重心从加大交通基础设施装备的供给转到改善高质量出行服务系统保障上来，以服务和需求导向改进和重构城市交通运输服务系统，能推动新的城市规划与交通规划理念、方法，构建新的、可持续的、以人为本的城市交通出行环境，是交通运输供给侧结构性改革的重要体现。

(2)以服务的标准发展交通出行，对于提高交通运输系统的服务要求，改进服务用户体验、便捷性和效率性，具有重要的推动作用。交通出行成为消费，势必带来广义公共交通系统为主的MaaS系统的服务品质的大幅提升，使出行服务融于生活,提高交通系统各资源的配置效率乃至整个社会的运行效率。

(3)MaaS 强调享受交通服务代替拥有交通工具,以公共交通、准公共交通、共享交通、微电动交通等为主作为出行服务载体,要求提升城市各类交通运输资源的整合利用效率和协同服务水平,对于控制私家车出行规模,提高城市运行效率,提升人们的出行服务水平,具有很好的生态环境效益。面向 MaaS 构建的出行服务环境,要求以人为本,对于构建环境友好的城市交通系统具有重要意义。

(4)MaaS 的发展能够促进信息服务、身份认证、聚合支付、行为监控等相关技术领域的软硬件产品开发,带动智慧出行相关产业的发展。同时,将出行服务融入旅游、消费、生活,对于形成交通、旅游、餐饮、金融、信息等的生态体系,促进社会消费水平,也具有显著的经济效益。

第二章　国外MaaS研究应用进展

第一节　发展历程

MaaS 涵盖了过去几十年在交通运输领域被广泛讨论的几个概念,涉及交通运输服务集成、互连互通、优化、智能和无缝出行以及可持续性等方面,还包含了在“物联网＋共享经济”时代背景下出现的一些概念,例如“即服务(as a service)”和个性化。从 2013 年至今,MaaS 是在研究探索和实践应用中逐步发展起来的。根据 MaaS 发展现状,大致可以将 MaaS 的发展分为三个阶段:萌芽阶段、起步阶段和快速发展阶段。

一、萌芽阶段

2013 年,瑞典哥德堡 Go:Smart 项目开发并试运行了 UbiGo。UbiGo 是全球首个试点 MaaS 理念的项目,被设想为 MaaS 服务运营商。其通过整合已有的运输解决方案和运输服务提供商(包括公共交通、共享汽车、租赁汽车、出租汽车和共享自行车),并通过智能手机 APP 为用户提供各种出行服务套餐。此后,在 2014 年芬兰赫尔辛基召开的欧盟 ITS 大会上,MaaS 的类似概念首次被正式提出。

二、起步阶段

2015 年,在法国波尔多召开的世界 ITS 大会上,20 个欧洲组织机构联合成立了全球首个区域 MaaS 联盟,成员主要包括运输服务提供商、公共交通运营商、MaaS 服务运营商、IT 系统提供商、用户、地方与区域或国家政府等。在 2016

年,MaaS 成为世界 ITS 大会关注的热点,有六个论坛专门讨论 MaaS 面临的一些技术、商业模式和工程应用问题。随后,瑞典维多利亚学院信息通信技术研究机构、查尔姆斯理工大学、瑞典环境科学研究院,芬兰国家技术研究中心、坦佩雷理工大学、美国密歇根大学、英国伦敦大学学院等科研院所开始对 MaaS 特征、生态系统、商业模型、技术标准等进行了探索研究。此外,欧盟委员会依托 HORIZON2020(地平线 2020)科技计划资助了 MaaS4EU、IMOVE、Mycorridor 等项目,为欧洲 MaaS 的研究、示范和实施提供理论依据和可行工具。

在产品运营方面,2016 年在芬兰,MaaS Global 作为全球首个 MaaS 服务运营商,与运输服务提供商合作推出了 Whim,为用户提供公共交通、出租汽车、汽车租赁、共享单车、共享汽车等多种出行方式服务。MaaSGlobal 的成功运营,为各 MaaS 服务运营商提供了良好的经验借鉴。

三、快速发展阶段

在 2015—2018 年世界 ITS 大会上,MaaS 成为各届 ITS 大会上的关注热点,被全球智能交通领域业者热议(图 2-1)。同时,德国斯图加特和汉堡的 Moovel、柏林的 BeMobility、汉诺威的 MobilityShop,奥地利维也纳的 WienMobil 和 Smile,法国蒙特利尔的 EMMA、荷兰乌特勒支的 HelloGo、美国拉斯维加斯的 SHIFT、阿联酋迪拜的 S'hail 等 MaaS 的实施应用也积极开展。另外,汽车制造商(如奥迪、戴勒姆、宝马、奔驰、丰田)也逐步开始转型涉足移动出行服务商,围绕 MaaS 积极探索新的商业模式。

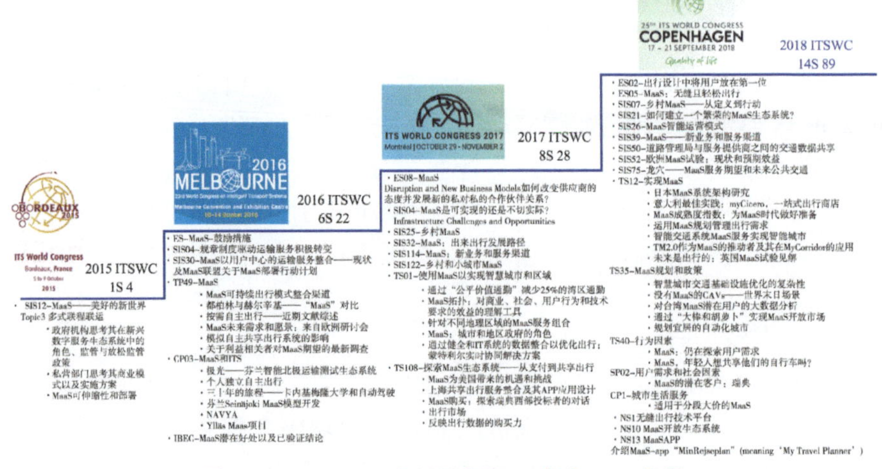

图 2-1　2015—2018 年历届世界 ITS 大会 MaaS 议题

短短几年，MaaS 已成为全球智能交通领域的热门议题，各个国家、企业、研究机构正在研究和实践应用中积极探索 MaaS 发展，2013—2018 年全球典型 MaaS APP 情况如图 2-2 所示。MaaS 作为实现人们美好出行愿景的创新性出行方案，市场应用前景广阔，未来将在全球继续蓬勃发展。

图 2-2 2013—2018 年全球典型 MaaS APP

第二节 关键技术进展

MaaS 的核心宗旨是按照以人为本的原则构建一个可与私家车模式具备竞争能力的“门到门”多运输方式一体化协同的公共出行服务体系，其协同体现在不同的运输方式、不同的用户群体、不同的管理主体等各利益相关方在运营排班、运力调度、身份认证、支付及票务清分、路径规划及动态信息服务等方面实现整合协同。为推动上述理念变为现实，自 MaaS 概念诞生之日起，国内外学术界、产业界已围绕 MaaS 的生态体系框架、MaaS 成熟度及服务等级划分、MaaS 运营组织及商业模式、MaaS 数据交换及公用信息模型、MaaS 动态路径规划、MaaS 票价及套餐生成模型、MaaS 治理体系、MaaS 服务 API 接口及人机交互设计等方面开展了较为广泛的研究，形成了较多具有借鉴性的结论及成果。

一、MaaS 生态体系研究

MaaS 生态体系是 MaaS 赖以生存与发展的利益相关者组成的组织体系，MaaS 出现后，国际上关于生态体系框架方面的研究较为丰富，其中如下几个研究颇具代表性。

2017 年 9 月，欧洲 MaaS 联盟发布的 MaaS 白皮书指出，MaaS 生态系统的核心功能是通过一个独特的界面，提供以用户为中心的出行服务组合。它由许多不同的合作伙伴组成，共同遵守为公众提供无缝出行体验的原则。MaaS 生态系统需要向最终客户提供各种服务整合后的新服务。在 MaaS 生态系统中,手机或应用程序将成为个性化出行的远程控制和指挥中心,取代票证和现金等不必要的元素。在一个成熟的 MaaS 生态系统中,一些服务可以而且很可能会与出行无关,但与用户出行绑定,并集成到出行服务产品中。

2018 年,英国 Juniper Research 公司和 Moovel 公司联合发布的《出行即服务探索》报告中指出,MaaS 生态体系利益相关者应该包括政策制定者、运输服务提供商、基础设施提供商、MaaS 服务运营商、票务提供商等。具体职责如下:

(1)政策制定者:主要指区域和地方公共交通机构、城市规划者等,制定 MaaS 相关运输政策,规划和执行预算,以推进 MaaS 发展。

(2)运输服务提供商和基础设施提供商:提供交通工具(微型交通工具,公共交通,共享汽车,出租汽车等)和基础设施(停车场等),密切与 MaaS 服务运营商合作,以支撑 MaaS 提供无缝的出行体验。

(3)MaaS 服务运营商:负责开发 MaaS 技术平台,提供 MaaS 服务。

(4)票务提供商:提供定价策略、个性化出行套餐以及未来的奖励和促销方案等。

欧盟委员会资助的 MaaS4EU 项目研究成果指出,MaaS 生态系统主要包含供需侧的利益相关者和最终用户。其需求及调查方法如图 2-3 所示。

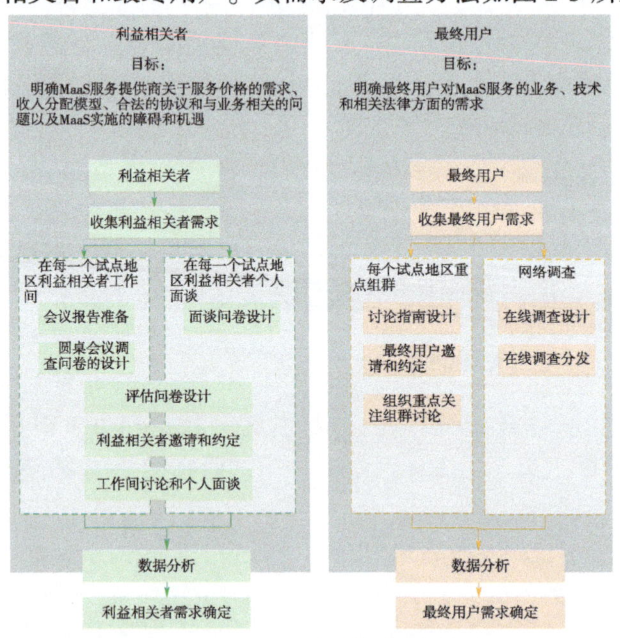

图 2-3　MaaS 生态系统需求调查

2017 年,英国伦敦大学学院 MaaSLab 的 Kamargianni 和 Matyas 等学者围绕 MaaS 利益相关者开展研究并提出了 MaaS 生态体系框架,该框架按照 MaaS 的核心理念,从核心业务层、业务支撑层、业务扩展层等不同维度系统全面提出了 MaaS 生态体系框架,指出 MaaS 生态体系主要由多个利益相关者形成的三个业务层组成,MaaS 生态体系框架如图 2-4 所示。

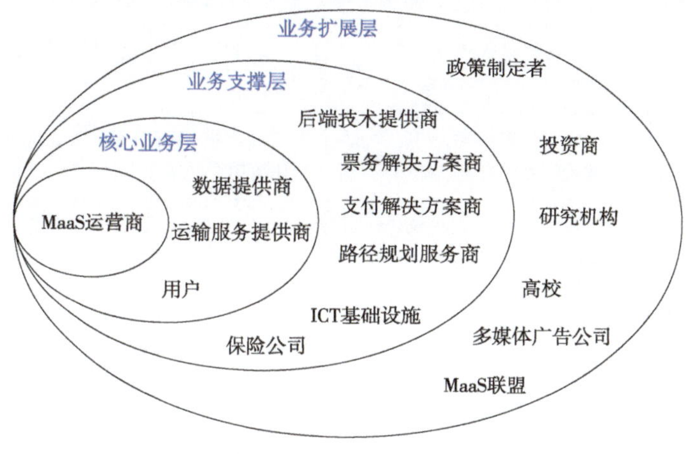

图 2-4 MaaS 生态体系框架

(一)核心业务层

MaaS 运营服务与管理的基础与主体,主要包括 MaaS 服务运营商、数据提供商、运输服务提供商和用户,具体职责见表 2-1。

核心业务层利益相关者职责　　表 2-1

利益相关者	职　责
MaaS 服务运营商	设计并提供 MaaS 产品以满足客户需求
数据提供商	提供数据服务,满足 MaaS 服务运营商和运输服务提供商间数据传输和信息共享要求
运输服务提供商	提供运输装备和服务,包括公共交通、出租汽车、共享汽车、共享单车和城市交通基础设施,如停车场、充电桩以及 ICT 基础设施等
用户	消费 MaaS 服务运营商提供的 MaaS 服务

(二)业务支撑层

业务支撑层指业务供应链的提供商,主要包括后端技术提供商、票务解决和支付解决方案商、路径规划服务商、ICT 基础设施和保险公司等，具体职责见表 2-2。

业务支撑层利益相关者职责　　表 2-2

利益相关者	职　　责
后端技术提供商	平台技术集成商，将各类信息、服务进行整合，为 MaaS 相关方提供技术服务
票务解决方案商	各运输模式票务的票制、票价、分发、整合、清分、票据、换票、退票、验票、订单生成、联程票务等与票务相关的服务
支付解决方案商	为用户提供现金、IC 卡、银行卡、移动支付、基于人脸识别的信用支付等不同模式的支付服务，满足不同群体和能力用户的需求
路径规划服务商	在整合各类运输模式运行计划、车辆位置、出行时间、行程舒适性等各类动静态信息的基础上，为用户提供基于个人偏好的路径规划服务，为订单生成提供技术条件
ICT 基础设施	提供计算分析、存储备份、网络通信、信息安全防护等方面的服务
保险公司	为各利益相关方提供服务过程中的生命、财产等方面的保险服务

(三)业务扩展层

业务扩展层指那些虽然没有直接参与 MaaS 业务运营，但其研究成果或政策指导文件能够有效支撑 MaaS 运营和发展的机构，主要包括政策制定者、高校及科研机构、投资商、多媒体广告公司、MaaS 联盟等，具体职责见表 2-3。

业务扩展层利益相关者职责　　表 2-3

利益相关者	职　　责
政策制定者	为 MaaS 关于票价、票务清分、财政补贴、个人隐私、信用、资金及数据安全等制定相应的法律法规及政策规范
高校及科研机构	针对 MaaS 涉及的供给优化、需求预测、路径规划、模式间竞争合作模型等关键技术开展理论技术研究工作
投资商	为推动 MaaS 服务的商业化运行提供融资服务
多媒体广告公司	依托 MaaS 服务不同场景、不同链条，开展多媒体广告服务，拓展和提供 MaaS 平台的增值服务能力
MaaS 联盟	构建融合政府—产业—研究—学术—用户等多主体的 MaaS 发展联盟，凝聚共识，推动 MaaS 示范应用与产业化健康有序发展

二、MaaS 实施条件评价研究

MaaS 理念的实现需要有技术、政策、机制、标准等各方面的保障，一个城市能否实施 MaaS，有必要对该城市的上述条件进行成熟度的分析评价，由此来确定各城市实施 MaaS 的目标、策略及路径。其中，比较有代表性的包括 MaaSGlobal 的 MaaS 准备程度指数和 MaaSLab 的 MaaS 成熟度指数。

（一）MaaS 准备程度指数（MaaS Readiness Index，MRI）

2016 年，MaaSGlobal 提出了 MaaS 准备程度指数，主要包括顾客需求、交通服务可用性和政府监管与规章制度等方面指标；在交通服务可用性方面，提出了 MaaS 交通模式主要包括公共交通（固定型和需求响应型）、私人交通、城际交通等模式。其中，固定型公共交通指标包括该模式所占市场份额和覆盖范围、开放 API 情况、出行票务和商业协议情况等指标，具体指标情况如图 2-5 所示。

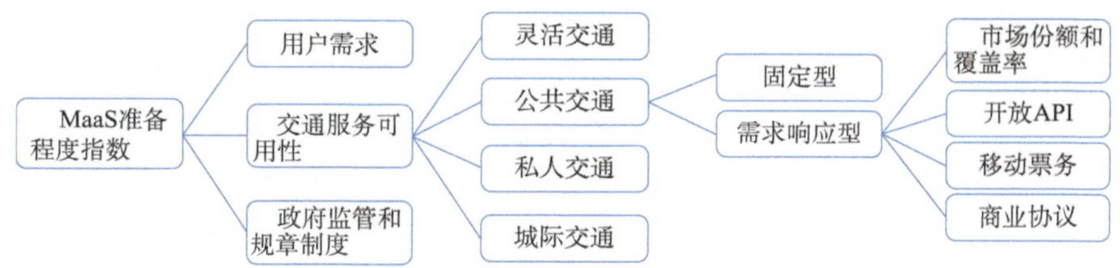

图 2-5 MaaS 准备程度指数

（二）MaaS 成熟度指数（MaaS Maturity Index，MMI）

2018 年，英国伦敦大学学院的 MaaSLab 研究提出了 MaaS 成熟度指数（MaaS Maturity Index，MMI），用于评估大都市区域实施 MaaS 的准备情况，具体包括运输政策、条例和法规、运输服务提供商开放性和数据共享、公民的熟悉程度和意愿、信息和通信技术基础设施、运输服务和基础设施等指标，具体指标如图 2-6 所示。

（1）政策、条例和法规：支持 MaaS 的政策、条例和法规是其成功实施的关键。具体包括公共交通补贴、反垄断立法、数据共享、乘客权利、可持续发展规划、旅客出行规划、信息安全和隐私、新出行服务的市场准入、竞争法和运输补贴、第三方倒卖车票等方面的法律、法规和政策文件。

（2）运输服务提供商开放性和数据共享：指运输服务提供商对 MaaS 开放态度，具体指数据和 API 对 MaaS 服务运营商“开放”或“开源”程度。如行程规划、预订、票务和定价数据的 API 可用性以及系统的互操作性。MaaS 服务运营商,不仅要访问运输服务提供商的静态数据(如时间表),也需要访问预订座位、验证票、共享自行车解锁、时间表、延迟、中断和偏差的动态信息。

(3)公民的熟悉程度和意愿:指公民对 MaaS 服务方式及相关技术的接受程度,以及公民的生活方式和出行行为符合 MaaS 模式的程度或能力,具体包括公民智能手机普及率、对新技术和新模式的接受程度、MaaS 预付款意愿、驾驶执照持有量、汽车保有量等指标。

(4)信息和通信技术基础设施:指支持 MaaS 服务的 ICT 基础设施建设和改造情况,具体包括互联网可用性,智能票务、数据采集、非接触式电子支付等基础设施建设情况。智能移动终端和可靠的互联网、NFC 终端、Wi-Fi 和 SMS 支付等票务/支付技术基础设施是客户访问数字化服务平台的必要条件。这样乘客才能方便地进行路径规划、预订、支付和票务,并将数据共享回 MaaS 服务运营商。

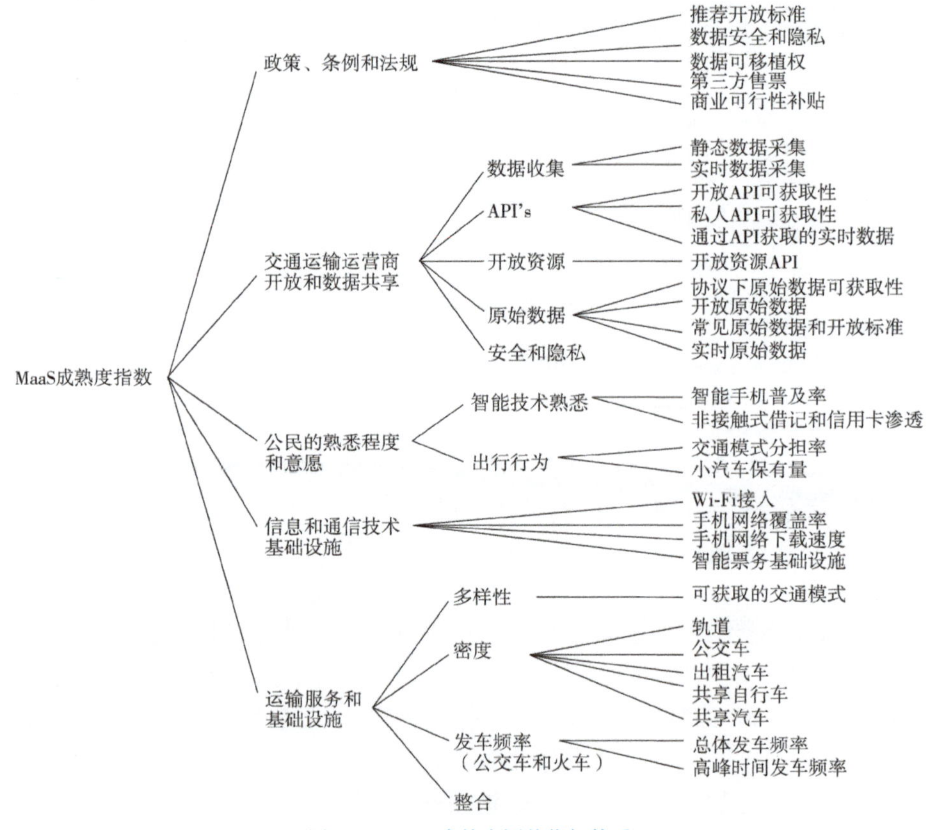

图 2-6 MaaS 成熟度评价指标体系

(5)运输服务和基础设施:指当前运输系统提供 MaaS 服务的准备情况。具体包括各种可用交通运输模式,灵活线路、站点和车辆等物理设施支撑情况,时刻表整合情况、交通模式空间覆盖情况。如在车站提供停车、汽车共享站和自行车租赁点,以实现多式联运;通过创建换乘点来实现路线整合,以确保路线网络的充分覆盖,同时防止路线重复。

三、MaaS 服务等级划分研究

MaaS 理念的核心是整合,这体现在各种运输服务模式在运力调度、数据资源、路径规划、票务支付、服务评价、信息服务等方面的整合,由于各城市的发展特点与条件不同,其整合的能力及由此呈现出的服务能力也将不同。为评估各城市 MaaS 实施效果,学术界开展了 MaaS 服务等级评估研究,其中比较有代表性的包括瑞典学者 Jana Sochor 的五级划分法以及英国伦敦大学学院的集成度指数分级方法。

(一)五级划分法

Jana Sochor 等在 2017 年将 MaaS 服务发展阶段按照服务整合的水平分为 5 级(第 0 级 ~ 第 4 级),分别为无整合,信息整合,查找、预订和支付整合,提供各种服务整合与社会目标整合,具体等级划分情况如图 2-7 所示。2018 年,Jack Opiola 根据系统整合的交通方式数量将 MaaS 的发展级别分为:任意两种方式整合、两种以上的方式整合及订票服务、全方式整合、AI 技术优化出行等阶段。从各学者对 MaaS 服务发展等级研究成果可知,交通模式整合是 MaaS 服务的首要前提,在此基础上逐步实现信息、支付、票务、出行套餐等方面整合。

1. 第 0 级:无整合

该级别 MaaS 指为各运输工具提供单独服务的情况,不算真正意义的 MaaS。

2. 第 1 级:信息整合

该级别 MaaS 对于出行者提供的多模式出行信息进行整合,最终为用户提供可选择的出行方案。

3. 第 2 级:查找、预订和支付整合

该级别 MaaS 为出行者提供查找、预订和支付服务。第 2 级相对于第 1 级的附加内容，用户可以在 MaaS APP 进行出行信息查找、行程预订和票务支付，而不仅仅是出行信息查询。

4. 第 3 级：提供的各种服务整合

该级别 MaaS 为最大化满足用户出行需求，将各种出行服务高度整合。其服务的对象不仅包括出行者，还包括各类的运输服务提供商。MaaS 与各类运输服务提供商合作，将各交通运输模式整合成出行套餐，用户可通过捆绑账户按需订阅套餐。

5. 第 4 级：社会目标整合

该级别 MaaS 目标超越了用户出行需求和运输资源供给，致力于减少私家车出行需求，缓解交通拥堵、改善空气质量，从而改善城市居民居住环境和提升居民生活水平。

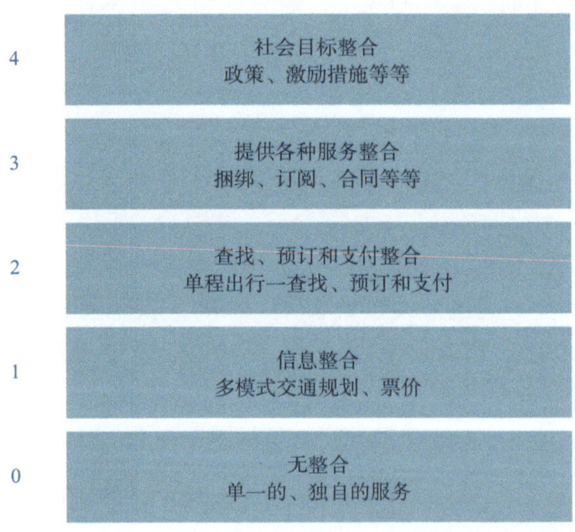

图 2-7 Jana Sochor 的 MaaS 服务等级划分

(二)集成度指数分级方法

英国伦敦大学学院的 MaaSLab 针对 MaaS 的发展特征，以票务和支付集成、出行服务套餐、信息技术集成等三方面的集成为标准，对全球多个城市案例的发展历程及方案进行了评估分析，通过研究构建出行服务集成度指数(Mobility Integration Index)，提出了部分集成、高级集成、高级套餐式集成等三大服务等级。

1. 部分集成

部分集成是指在票务集成、支付集成和信息技术集成三个方面中,仅实现部分功能的集成。以德国 Qixxit 为例,其整合了全国范围内的民航、铁路、道路客运、城市公共交通、出租汽车、汽车租赁、共享单车等多出行方式,通过智能 APP 提供出行计划、预订、实时信息和个性化的出行建议等服务。但是 Qixxit 只涉及了 ICT 整合,没有实现任何形式的票务或支付整合。

2. 高级集成

高级集成是大多数 MaaS 计划所处的水平,每个 MaaS 计划均已完全实现票务、支付和信息通信技术的集成。以荷兰为例,其为商务旅行者设计了三种高级集成方案,即 Mobility Mixx、NS-Business Card 和 Radiuz Total Mobility。它们通过提供智能卡可以使商务旅行者实现在全国范围内使用多种交通方式,包括共享模式、公共交通和出租汽车。唯一例外是 NS-Business Card 不能选择共享汽车作为出行选项。上述三种方案均可提供单月发票,一次性支付不同模式的差旅费用。不同的是,三种方案在信息通信技术整合方面存在明显的差异。Radiuz Total Mobility 提供了一款可供用户设计出行计划的应用程序。NS-Business Card 没有提供应用程序,但它拥有类似功能的在线界面。Mixx 没有上述两种服务,但它提供了一种独特的、用户可以全天候使用的呼叫中心服务。总体而言,高级集成可以为用户节省大量的出行时间和出行成本。

3. 高级套餐式集成

高级套餐式集成是指在高级集成的基础上提供了优惠套餐服务,允许选择套餐的用户一次性支付所有使用费用。以 SHIFT 为例,其涵盖了公共汽车、共享单车、汽车租赁、分时租赁等多种出行方式,且均为其自营出行服务,以此为基础实现了票务、支付和信息通信技术的集成。在此基础上,SHIFT 还提供了不同的会员级别,每个级别都有对应的服务内容供用户选择,用户可根据每个月的实际出行情况,灵活地选取最适合他们的出行服务,并允许用户一次性支付所有的出行费用。SHIFT 的独特之处在于其实现了支付、票务和信息通信技术的完全整合,并在此基础上提供了一种新的商业模式。

四、MaaS 运营组织模式研究

MaaS 生态体系涉及较多的利益相关者,其中最为核心的是公交、地铁、出租汽车、网约车、共享单车、充电服务商等各类运输服务提供商以及政府管理部门，MaaS 的运营组织模式将直接反映服务整合的复杂程度和风险程度，MaaS 服务运营商、公共交通服务提供商、交通运输管理部门（Public Transportation Authority，PTA）间需要着重考虑 MaaS 商业模式以及合作伙伴关系。为此，学术界开展了 MaaS 运营组织模式研究，其中比较有代表性的包括欧盟 MaaS4EU 项目按照运营主体所有制形式所提出的三种 MaaS 运营管理模式、理特咨询公司（Arthur D. Little）按照运营商角色所提出的三种 MaaS 商业运营模式，以及 UITP 按照服务整合形式提出的三种 MaaS 商业运营模式。

（一）基于所有制形式的运营管理模式

MaaS4EU 项目按照运营主体的所有制形式，提出了私人运营商模式、公共运营商模式和公私混合运营模式三种运营管理模式。

1. 私人运营商模式

私人运营商模式中，私人 MaaS 服务运营商通过运营平台和管理用户数据获利，运输服务提供商通过加入 MaaS 系统扩大用户的注册及使用规模，交通运输管理部门不干预 MaaS 平台的发展。该模式倾向于实行能够保证利润率与技术利用率的方案，具有更强的创新能力，模式如图 2-8 所示。

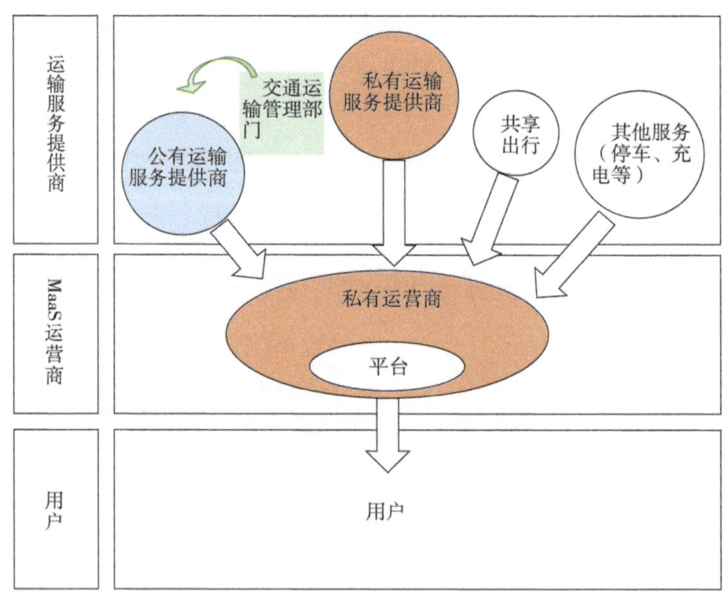

图 2-8　私人运营商模式

2. 公共运营商模式

公共运营商模式旨在提高道路资源的使用效率，提高公共交通出行分担率。交通运输管理部门将综合考虑私人交通与共享交通等所有交通运输模式，改善本地居民出行环境，提高公共交通运营监管水平，促进交通可持续发展。另外，地方政府和公共及风险资金的参与投入也可以更好地支持 MaaS 出行服务体系的发展，模式如图 2-9 所示。

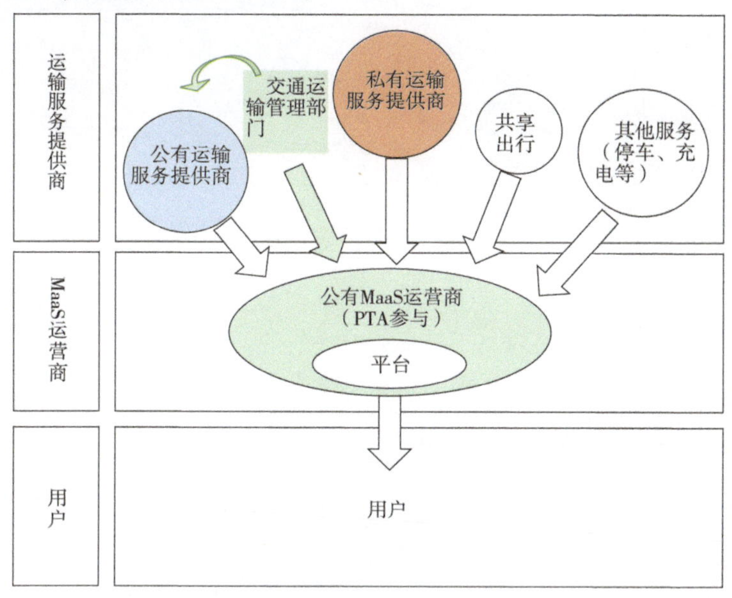

图 2-9　公共运营商模式

3. 公私混合运营模式

交通运输管理部门参与 MaaS，有助于 MaaS 平台的建立和发展。尤其在初始阶段，交通运输管理部门可作为协调机构，加快公共和私人交通模式之间的整合进程，从而降低初始投资成本。另外，该模式另一个潜在好处是交通运输管理部门可以充当 MaaS 服务运营商和各运输服务提供商之间的"缓冲"，可以降低 MaaS 服务运营商主导的一些风险，模式如图 2-10 所示。

（二）基于运营商角色的商业运营模式

2018 年，理特咨询公司（Arthur D. Little）发布的报告《未来出行 3.0》提出，目前 MaaS 商业模式主要包含"持有人"模式、"经纪人"模式、"运营商"模式三种类型（图 2-11），各模式的特征分别为：

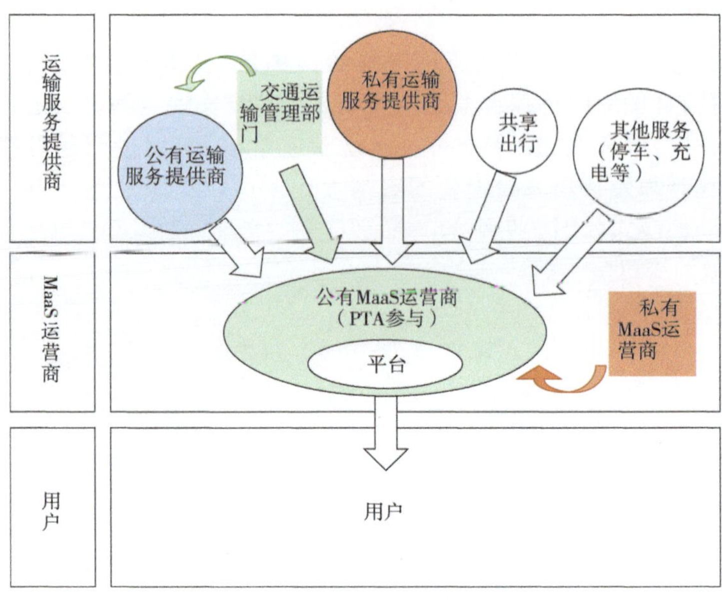

图 2-10　公私混合运营模式

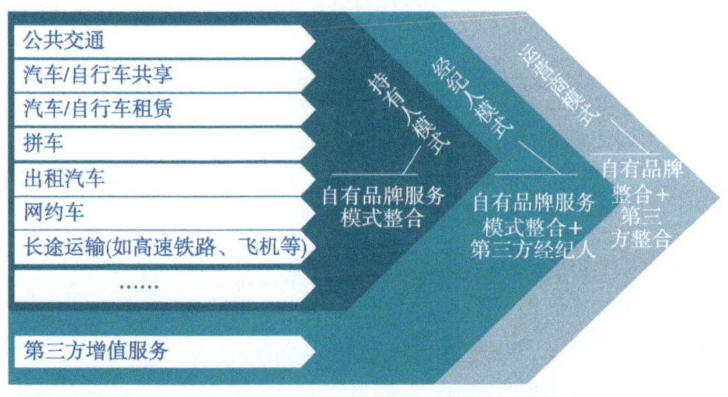

图 2-11　MaaS 商业模式

1.“持有人”模式

“持有人”在 MaaS 平台上对自营出行服务(单一品牌)进行整合,而第三方所提供的出行服务必须通过专有 APP 单独访问。这种模式通常指提供长途和短途运输的铁路公司以及运营多种公共交通模式的企业。目前,迪拜、汉诺威和卡尔斯鲁厄等城市选择这一模式。实质上,这种模式下用户可使用的交通模式种类有限,所实现的并非真正意义的 MaaS。

2.“经纪人”模式

MaaS 服务运营商对自营出行服务(单一品牌)进行整合,同时担任第三方出行服务的经纪人(使用第三方品牌)。该模式下,虽然各出行服务可在平台上进行整合,但第三方服务需要签发单独的车票。这一模式优点是由自由市场进行调节,同时交通运输管理部门适当监管,以确保 MaaS 平台向最优系统发展,这一模式的缺点是需要公共资金来开发和维护平台。目前大多数 MaaS 服务运营商都采用这种模式,包括 Moovel、Qixxit 和 WienMobil。

3.“运营商”模式

MaaS 服务运营商在单一品牌下对自营服务和第三方服务进行整合。用户每次出行可购买一张涵盖各种交通模式费用的车票。MaaS 服务运营商充当中介,将用户付出的票费分摊给相关的第三方提供商(分包商)。这一模式被 MaaS 联盟所提倡,优点是为用户提供了更大的便利性和更好的出行体验,缺点是若第三方运输服务提供商没有按照承诺提供服务,MaaS 服务运营商将承担第三方义务和责任风险。目前 MaaS Global 采用这一模式。

未来“持有人”模式很可能会逐渐消失。鉴于高责任风险,“经纪人”模式将会是当前及未来很长一段时间 MaaS 的主要商业模式。未来随着 MaaS 发展成熟稳定,“经纪人”模式会逐渐被“运营商”模式所取代。

(三)基于服务整合形式的运营组织模式

2019 年 4 月, UITP 针对 MaaS 对外发布的专题报告《出行即服务》中提出, MaaS 运营组织模式主要有三种:私人整合商、开放的后端平台和公共交通服务提供商作为 MaaS 服务运营商。2019 年,欧洲智能交通协会(ERTICO-ITS Europe)在《MaaS 和可持续城市交通规划》专题报告中针对 UITP 提出的三种 MaaS 运营组织模式进行了进一步的描述。

1. 私人整合商模式

私人集成商充当 MaaS 服务运营商,与各运输服务提供商之间达成协议,各运输服务提供商之间是竞争关系,模式如图 2-12 所示。该方案被视为提供面向客户的创新解决方案,但可能不具有社会包容性,另外数据可能不会与公众共享。从政策角度看,公共机构应密切监测市场发展和动态,并在必要时采取政策措施,以确保 MaaS 服务运营商提供的服务满足社会包容性,支持交通的可持续发展。这就需要采取政策措施来支持 MaaS 服务运营商、运输服务提供商和公共当局之间的数据共享,从而通过数据分析来加强运输服务、交通管理和规划。解决这一问题需要在法律上要求所有的运输服务提供商(私人或公共)都应公开他们的数据和API,以便他们的服务可以被第三方转售。这种模式有利于市场解决方案的更快发展。但如果不向运输服务提供商和当局转售许可证和共享数据,同样的风险也会出现。该模式具体预期优势与劣势见表2-4。

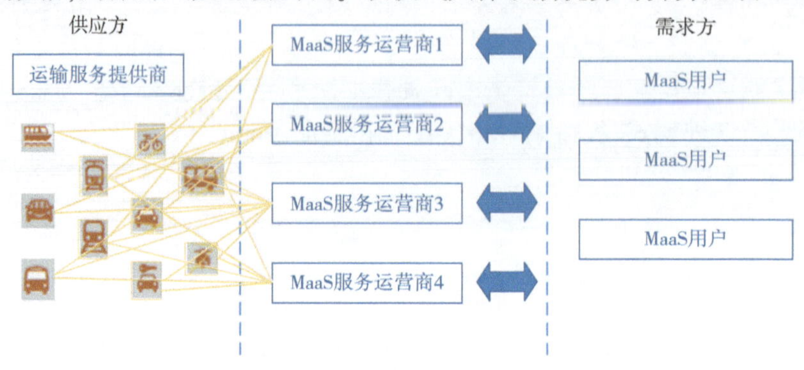

图2-12　私人整合商模式

私人整合商模式的预期优势与劣势　　表2-4

预期优势	预期劣势
(1)针对不同细分市场的各种差异化产品; (2)为用户提供更好的选择机会; (3)地理可扩展性,可以通过商业组织实现	(1)需要制定数据共享政策,这对于知情的决策、监管和有效的基础设施建设很重要; (2)市场准入壁垒高(与每个运输服务提供商进行合同谈判,需要数据和集成能力); (3)降低影响MaaS与社会政策目标的一致性的风险,因为以营利为目的的运输服务提供商可能会通过引导用户转向利润率最高的运输方式和服务来优化其商业案例(更可能是共享出行和类似出租汽车的服务); (4)与运输服务提供商建立独家合作伙伴关系,以保护竞争环境中的市场份额,“赢者通吃”的市场支配风险,对客户和进一步发展都是不利的

2. 开放的后端平台模式

由公共实体根据公共机构确定的规则建立一个开放的后端平台,模式如图2-13所示。该平台提供开放基础架构,不同的MaaS服务运营商可以在此基础架构上构建MaaS解决方案。所有出行服务都必须开放其API才能集成到该平台中。这种模式为获得更多的客户提供了竞争空间,并被认为是提供了以客户为中心、创新和公正的方法。它还可以整合当地的运输服务提供商。开放的后端平台可以由私人运输服务提供商公开建立、资助或创建。公共机构在这一模式中的作用是确保数据共享的通用、公平和非歧视性规则，并确保数据平台的特权地位不会被滥用。该模式具体预期优势与劣势见表2-5。

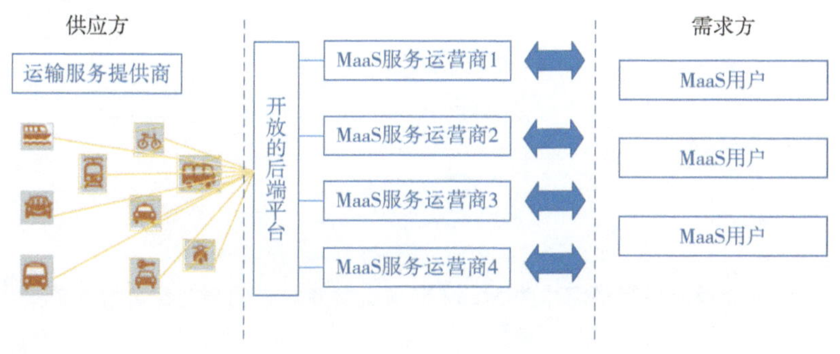

图2-13 开放后端平台模式

开放后端平台模式的预期优势与劣势 表2-5

预期优势	预期劣势
(1)针对不同细分市场提供各种差异化产品； (2)为用户提供更好的选择机会； (3)可扩展性是可能的，因为本地、区域间和国际运输服务提供商可以进入市场； (4)准入门槛低：对集成数据和系统的开放，非歧视性访问(例如票务、预订等)； (5)公共部门更容易获取数据； (6)总体上，公共机构作为MaaS运营主体偏离社会政策目标的风险较低，MaaS开发可控	(1)流程缓慢和官僚主义的风险； (2)公共机构依赖技术组织来开发和维护该平台，此外，还要跟上技术进步的快速步伐

3. 公共交通服务提供商作为MaaS服务运营商

由公共交通服务提供商制定规则并提供部分MaaS出行服务，其他运输服务提供商可能不得不开放其API，模式如图2-14所示。该模式中城市公共交通已经拥有最大的客户数据库，并且是可持续城市交通的中坚力量，因此由公共交通服务提供商带头整合其他交通服务很有意义。该模式将有助于公共交通与现有客户保持联系，促进居民选择可持续的交通出行，具有社会包容性，数据将与公共机构共享，并与公共政策目标保持最佳一致性。但是，如果传统的公共交通不采用前瞻性的方法，这种模式也可以被认为是提供了一种较少以客户为中心和创新的服务，这可能会影响服务的吸引力。该模式具体预期优势与劣势见表2-6。

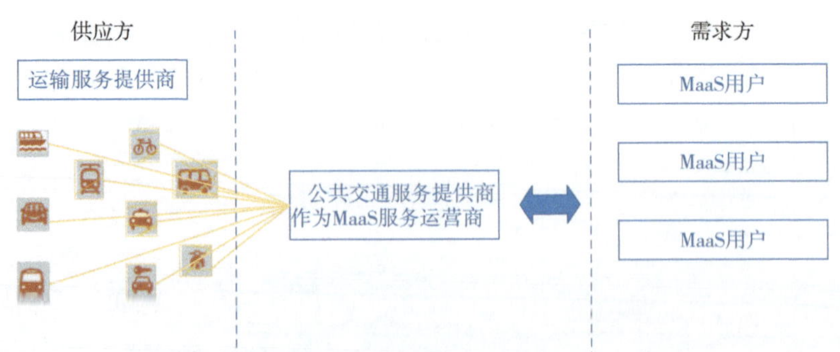

图 2-14　公共交通服务提供商作为 MaaS 服务运营商模式

公共交通服务提供商作为 MaaS 服务运营商模式的预期优势与劣势

表 2-6

预期优势	预期劣势
(1)由于公共 MaaS 实体与当局之间的密切组织或合同关系,因此更容易监管和保护公共价值; (2)公共部门更容易获得数据	(1)用户选择有限; (2)由公共领域开发的"一种方法适用于所有人"MaaS 产品,未必符合不使用公共交通工具的市民的需要和偏好; (3)私人运输服务提供商创建 MaaS 服务没有整合公共交通,更多以汽车为基础来回应公共垄断; (4)私人竞争产品的客户无法搭乘公共交通工具; (5)缺乏地理可扩展性,因为 MaaS 服务仅覆盖当地管理局的管辖范围; (6)权限方面受欧洲竞争法的限制

五、MaaS 套餐价格生成模型研究

以人为本作为 MaaS 服务的核心理念,其目标是为不同出行偏好的各类用户群体提供更加经济的可选择出行服务,全链条多模式组合出行服务价格的设置将直接关系到用户、运输服务提供商、MaaS 服务运营商、公共财政部门等各方利益,价格设置过高会导致用户数量过少,使得企业处于亏损状态或政府财政补贴压力过大,因此面向不同出行偏好的用户以何种价格提供何种组合模式的服务成为 MaaS 价格生成的一个关键难题。国际上英国伦敦大学学院、欧盟 MaaS4EU 项目组以及布达佩斯理工大学等机构开展了相关研究。

随着出行即服务(MaaS)概念引起了人们越来越多的兴趣,对了解更多有关 MaaS 出行服务套餐订阅计划的需求也越来越高。针对上述问题,国际 MaaS

学术界通过调查的方式开展了系统研究,英国伦敦大学学院的 MaaSLab 于 2018 年进行了出行偏好的现实调查与套餐需求方面的调查,具体调查方式与结果如图 2-15、图 2-16 所示。通过该调查可测试人们购买 MaaS 产品的复杂决策过程,为 MaaS 产品设计和定价提供有价值的见解。测试属性包括运输方式和数量、特定出行模式的功能(例如,10min 的出租汽车保证)、可转让性(意味着可以将剩余模式属性转移到下个月)、特殊奖金(例如,免费晚餐)和计划的价格。

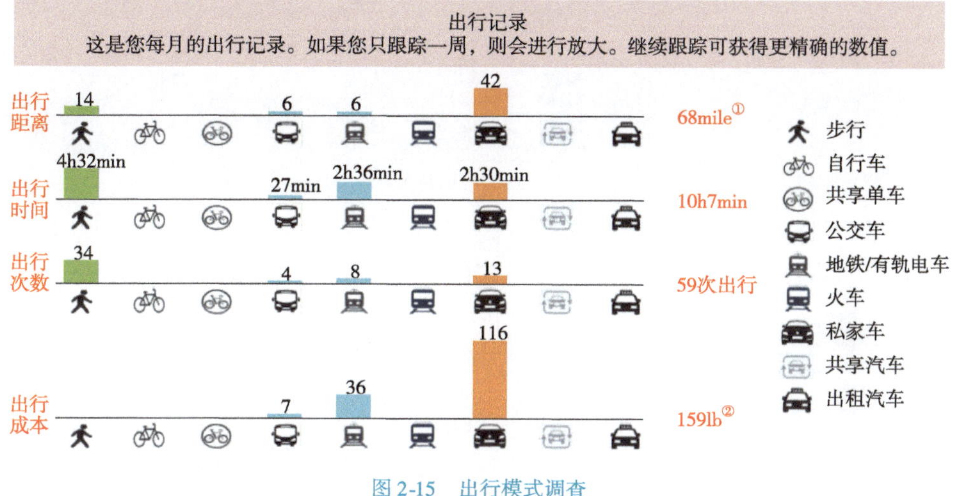

图 2-15 出行模式调查

MaaS4EU 基于用户需求,开展了个性化或定制化出行套餐的价格定价设计。产品套餐定价主要依据各个运输服务提供商的运营估算成本与用户的最大支付意愿,遵循"高于生产成本、保障利润、低于用户支付最大额度"的原则,对产品定价区间进行测算。具体 MaaS 产品定价如图 2-17 所示。

其中,MaaS 成本包括 MaaS 初始开发的融资金额(投资成本)和用于运行系统的融资成本(运营成本)。投资成本主要指与平台的设计、开发以及智能手机 APP 和品牌创建相关的成本;运营成本,可进一步区分为固定成本和可变成本。其中,固定成本不会随着服务用户数量的变化而变化,具体包括市场营销和广告成本,网站、移动应用程序和信息系统维护成本,与法律相关的费用以及与数据安全性和隐私相关的费用。可变成本主要指提供 MaaS 服务的成本,包括用户服务和支持成本、人员成本和保险成本。

MaaS 服务运营商的主要收入与 MaaS 服务的提供和销售有关。但根据 MaaS

① 1mile = 1609m。

② 1lb = 0.454kg。

公司管理形式(即有股东的 MaaS 公司或与主要合作伙伴合作的 MaaS 合伙公司),可能会出现不同类型的收入来源。在有股东的情况下,MaaS 服务运营商的收入与直接销售 MaaS 票有关,然后根据收入分配模型将售票所获收入分配给 MaaS 公司的不同股东。在第二种情况下,MaaS 服务运营商充当运输服务提供商的票务分销商。因此,收入与 MaaS 服务运营商和运输服务提供商之间商榷的 MaaS 票务销售佣金有关。

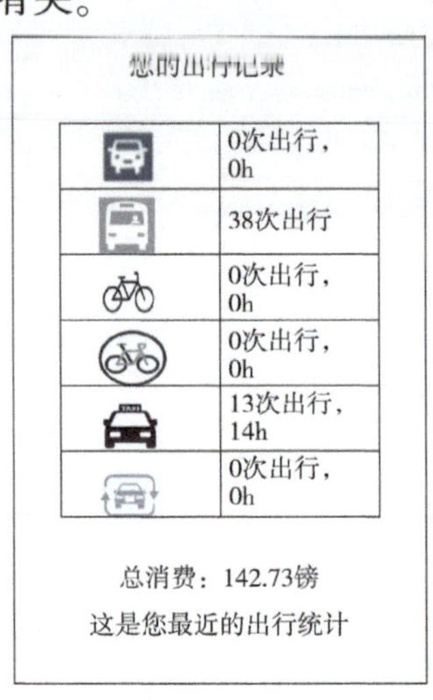

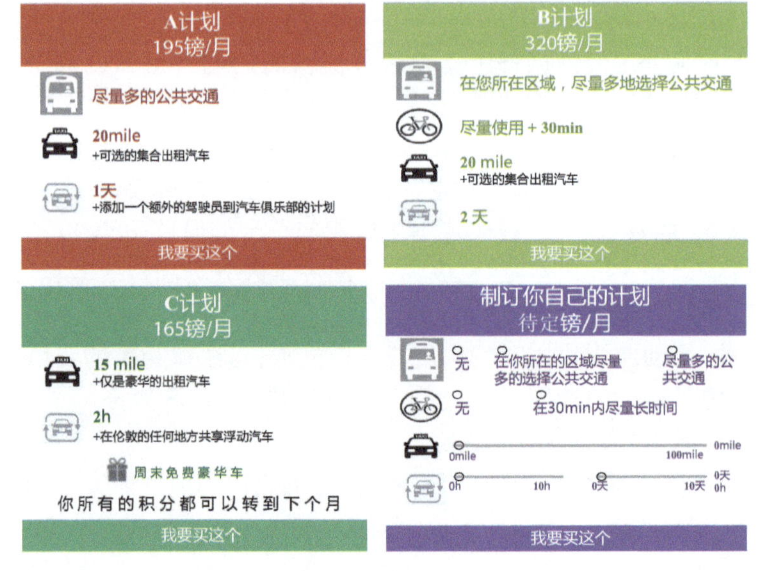

图 2-16　出行状态调查及出行套餐选择

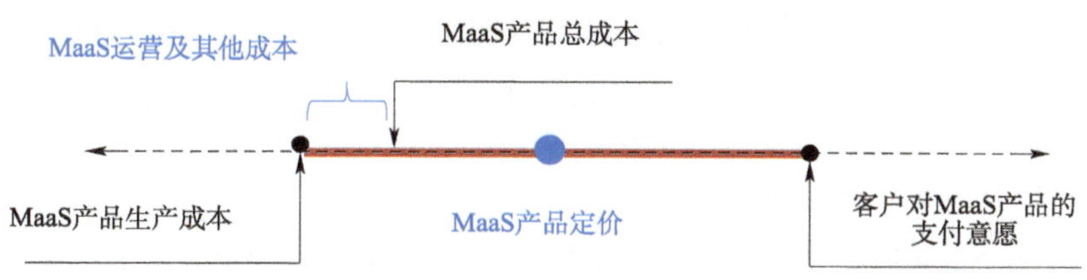

图 2-17 MaaS 产品定价示意图

一般来说,MaaS 套餐可以通过两种方式提供:一是在约定的时间段内预订,用户最终根据其需求支付周、月或年费用,并从多种运输方式获得捆绑服务;二是随用随付,用户基于各运输服务提供商制定的价格,为其每段行程分别支付费用。另外,MaaS 可能产生的其他收入来源与非运输服务提供商的广告和佣金有关(即和其他合作伙伴签订的合同)。根据每个城市、地区的法律框架,MaaS 可能的收入来源也与补贴有关。

MaaS 产品定价流程如下:

(1)按照单位时间、距离、人次估算 MaaS 服务运营商购买各运输服务提供商的运输产品所需成本。其中,出租汽车、共享汽车等可变成本主要考虑距离、服务时长和起步价等因素;公交车、有轨电车、地铁、铁路等固定模式成本主要考虑时刻(是否是高峰时段)、距离(根据阈值设置分段成本)、服务等级(如铁路种类)等因素。

(2)根据 MaaS 产品提供各运输模式服务量(次数、距离、人次等)估算产品最小成本、最大成本以及期望值。

(3)将产品估算成本与不同类别用户支付意愿进行对比,划定定价区间。

2019 年,来自布达佩斯理工大学的 Domokos Esztergár-Kiss 和 Tamás Kerényi 在研究 MaaS 出行套餐时提出了一套基于公共交通、自行车共享、汽车共享和出租汽车等各种交通运输模式特征指标的出行套餐设计方法。特征指标考虑城市人口统计特性(人口密度、社会属性和出行特性)、生活费用、模式划分、天气状况、环境友好性、交通拥堵状况等参数在内的相关指标。将特征指标值按照归一标准化模型进行处理,最后按照指标权重将指标值进行汇总,将各交通模式的汇总结果按照产品套餐划分级别(第 1 级:现收现付;第 2 级:每月 10 天付款/次;第 3 级:每月 20 天付款/次;第 4 级:付款后月内无限制;第 5 级:付款后区域无限制)制定套餐标准。

六、MaaS 出行路径规划模型研究

动态路径规划是基于用户出行偏好(最快、最短、最省钱等条件),为用户提

供出行起点与终点之间的最佳出行路径方案，具体包括起点和终点之间的距离、出行路线、到达时间、价格、兴趣点、换乘次数以及与其他交通工具的换乘方案。动态路径规划包括单模式路径规划和多模式路径规划。单模式路径规划为用户提供从起点到目的地的不变的单一运输方式的静态路线。多模式路径规划指在给定的时间间隔内为用户推荐不同的运输方式最佳出行路线。

在 MaaS 中，MaaS 服务运营商为用户提供不同的运输方式出行方案。由于出行资源由多个运输服务提供商提供和管理，因此针对旅程的每段路程的出行规划都需要与特定运输服务提供商进行交互。MaaS 服务运营商的主要目标是从多个运输服务提供商那里收集和汇总服务，并考虑用户出行模式偏好、日常活动、不同运输服务的实时可用性以及环境等其他影响因素，为其用户提供透明的多式联运出行方案。

欧盟委员会 HORIZON2020(地平线 2020)科技计划赞助的 MaaS4EU 项目提出了 MaaS 动态路径规划方案，具体路径规划框架如图 2-18 所示。

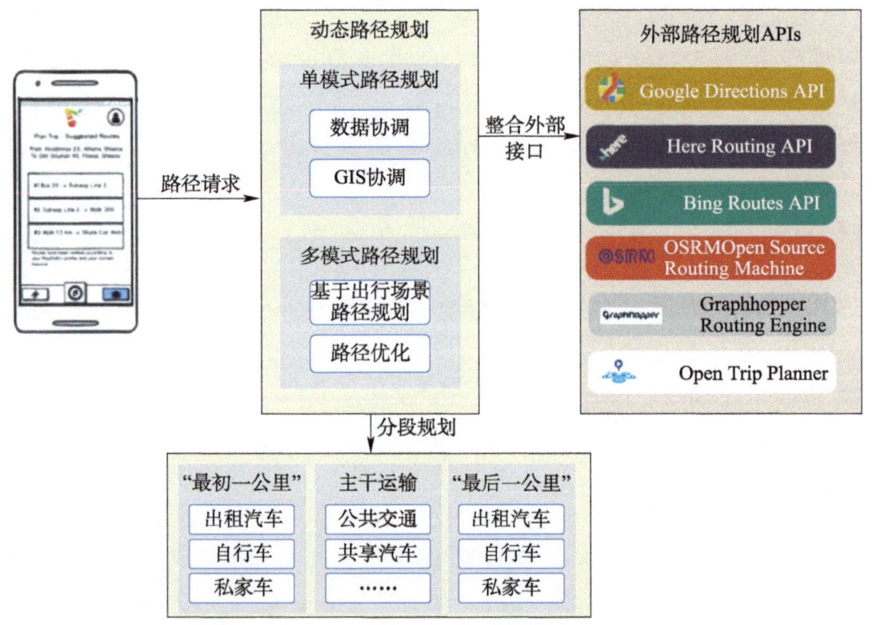

图 2-18　动态路径规划框架

其中，单模式路径规划主要通过整合外部路径规划接口(API)；多模式路径规划涵盖按需响应式和固定式运输模式，将出行路径分为“最初一公里”、主干运输和“最后一公里”三个阶段，各阶段建议采用的运输模式划分如下：

(1)“最初一公里”阶段：规划用于衔接出发点至主干运输枢纽节点的运输

模式,建议采用出租汽车、自行车(包含共享单车)或私家车等。

(2)主干运输阶段:规划采用地铁、公交等集约型公共交通或共享汽车(合乘)模式。

(3)"最后一公里"阶段:规划用于衔接主干运输枢纽节点至目的地的运输模式,建议采用出租汽车、自行车(包含共享单车)或私家车等。

七、MaaS 数据标准及交换机制研究

(一)国际 MaaS 相关数据标准及协议

运输服务提供商数据开放和共享是 MaaS 成功运营的关键要素之一。为提高 MaaS 运营商与多运输服务提供商间各项服务的互操作性,保证安全、高效地共享必要的数据,需形成 MaaS 数据共享标准及协议。2020 年,澳大利亚智能交通协会从复杂程度、监管级别、成熟程度三个维度归纳总结了国际上 25 个与 MaaS 服务相关的交通数据共享标准及协议,详细情况如图 2-19 和表 2-7 所示。

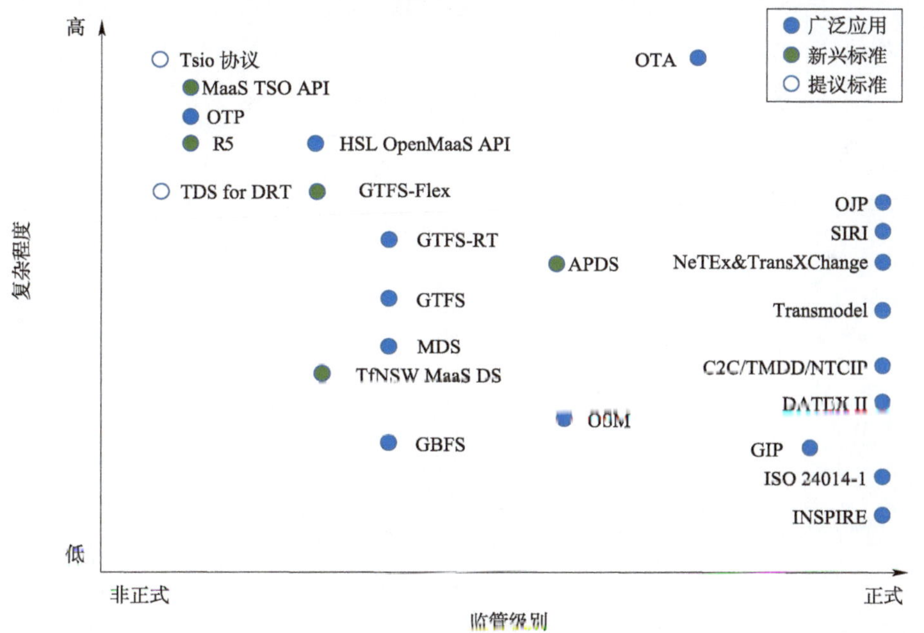

图 2-19　全球 MaaS 相关数据共享标准及协议

其中,复杂程度是指标准协议所涵盖内容的复杂程度。例如,有些标准比较简单,包含的内容仅仅是用于支付的一个接口,而有些标准协议可能比较复

全球 MaaS 相关数据共享标准及协议

表 2-7

协议名称	监管级别	复杂程度	成熟程度	所属地	批准机关	描　述	政府福利	行业效益	消费者利益
INSPIRE	10	1	3	EU	EU	空间信息基础设施	互通性	促进性	促进性
GIP	9	2	3	EU	AITDI	公共部门交通图	互通性	促进性	多模式出行规划
DATEX II	10	4	3	EU	CEN	交通信息和交通数据的交换	互通性	欧洲出行规划	出行者信息
C2C/TMDD/NTCIP	10	4	3	US	NEMA，AASHTO，ITE	交通中心与中心的实时信息交换	互通性	—	—
Transmodel	10	5	3	EU	CEN	高级公共交通协议的规范性参考	促进性	—	—
NeTEx	10	5	3	EU	CEN	公共交通信息交换	互通性	互通性	行程规划
TransXChange	10	5	3	EU	UK DoT	公交线路与时刻表信息交换	互通性	互通性	行程规划
SIRI	10	6	3	EU	CEN	公共交通服务和车辆的实时信息交换	互通性	互通性	实时公共交通信息更新
OJP	10	8	3	EU	CEN	长途多式联运出行规划	互通性	—	实现长途多模式出行规划
SUTI	9	9	3	EU	Sweden Ministry of Transport	需求响应式交通信息交换	社会成果	开放机遇	社会关系，特别是对老年人和身体弱者的社会关系

续上表

协议名称	监管级别	复杂程度	成熟程度	所属地	批准机关	描　述	政府福利	行业效益	消费者利益
OSM	5	3	3	EU	OpenStreetMap Foundation	可免费编辑的世界地图	免费访问地理空间数据	免费访问地理空间数据	实现可路由的旅程
APDS	5	5	2	EU	IPMI，BPA，EPA	跨平台共享停车数据	网络效率	更好利用资源	明智的停车选择
OTA	7	10	3	US	OTA	旅行、旅游和招待方面的旅客和供应商信息交换	—	实现供应链	端到端旅行体验
GBFS	4	2	3	US	NABSA	自行车共享可查找性	网络规划	商业效率	找到可用自行车
TfNSW MaaS DS	3	4	2	AU	TfNSW	报告 MaaS 运营	MaaS 试验的评估效果	商业情报	—
MDS	4	4	3	US	OMF	接收、比较和分析来自出行服务提供商的数据	网络监控与合规	合规	改善模式共享成果
GTFS	4	5	3	US	Transit agencies and stakeholders	公共交通时刻表	电子分发公共交通信息	使公共交通更易访问	通知行程规划

续上表

协议名称	监管级别	复杂程度	成熟程度	所属地	批准机关	描　述	政府福利	行业效益	消费者利益
GTFS-RT	4	6	3	US	Transit agencies and stakeholders	公共交通信息实时更新	电子分发实时公共交通信息	使公共交通更易访问	通知实时行程规划
HSL Open MaaS API	3	8	3	EU	HSL	开放式售票接口	启用公共交通的电子支付	推动 MaaS 市场	无缝的旅程预订和支付
GTFS-Flex	3	7	2	US	MobilityData	各种需求响应交通模型	实现需求响应交通	降低需求响应交通的进入门槛	无缝的需求响应交通规划和预订经验
TDS for DRT	1	7	1	US	TRB	国家需求响应交通规范提案	实现需求响应交通	降低需求响应交通的进入门槛	无缝的需求响应交通规划和预订经验
R5	2	8	2	US	N/A	多模式网络的路由引擎	改善旅行者的体验	改善行程计划	反映人类决策过程的旅程计划
OTP	2	8	3	US	Transit agencies and stakeholders	多模式出行规划器	降低进入门槛	提供第三方旅程计划应用	增加旅程规划应用程序的选择
MaaS TSP API	2	8	2	EU	Whim	运输服务提供商 API	将新的交通服务提供商整合到 MaaS 解决方案中	集成到 MaaS 解决方案中	改进模式选项和无缝用户界面

续上表

协议名称	监管级别	复杂程度	成熟程度	所属地	批准机关	描　述	政府福利	行业效益	消费者利益
TSio Protocol	1	9	1	US	Travelspirit Foundation	基于区块链的多模式出行规划	—	集成到分布式MaaS平台	政府免费行程规划，预订和支付
ISO 24014-1	10	1	3	EU	ISO	公共交通：可互操作票价管理	互通性	系统互通性	无缝票价

注：1. EU：European Union，欧洲联盟。

2. US：United States，美国。

3. CEN：Comité Européen de Normalisation，欧洲标准化委员会。

4. NEMA：National Electrical Manufacturers Association，美国电气制造商协会。

5. AASHTO：American Association of State Highway and Transportation Officials，美国国家公路和运输协会。

6. ITE：Institute of Transportation Engineers，运输工程师协会。

7. BPA：British Parking Association，英国停车协会。

8. EPA：the European Parking Association，欧洲停车协会。

9. IPMI：the International Parking & Mobility Institute，国际停车与出行研究所。

10. OTA：the OpenTravel Alliance 开放旅游联盟。

11. NABSA：the North American Bikeshare Association，北美自行车共享协会。

12. TfNSW：Transport for New South Wales，新南威尔士州交通局。

13. OMF：Open Mobility Foundation，开放交通基金会。

14. UK DoT：The United Kingdom of Great Britain and Northern Ireland Department of Transportation，英国交通部。

15. TRB：Transportation Research Board，美国交通运输研究委员会。

16. HSL：Helsinki，赫尔辛基。

17. ISO：International Organization for Standardization 国际标准化组织。

杂,内容很丰富;监管级别是指该标准或协议的监管或强制性程度。例如,属于ISO、IEEE 或 CEN 的协议,通常属于欧洲的官方标准,监管级别较高;而由于市场化商业模式需要开发的协议,其监管级别相对较低,像北美洲尤其是美国的标准均属于此类标准;成熟程度指的是标准协议的发展阶段或应用情况,如MDS 标准是新兴的标准,在美国和世界范围内迅速获得了广泛的关注,而INSPIRE于 2007 年生效,已经发布应用了很长的时间。复杂程度、监管级别、成熟程度三个维度的具体等级划分情况见表 2-8。

复杂程度、监管级别、成熟程度三个维度的具体等级划分情况 表 2-8

分类维度	等级	描述
复杂程度	1	支持其他级别规范的规范性引用
	2 ~ 3	交通网络的地理空间模型
	4	网络状态和资产跟踪
	5	公交路线和时刻表
	6	可用服务的实时位置
	7	需求响应服务
	8 ~ 9	多模式行程规划,预订和支付
	10	经验规划
监管级别	1 ~ 2	在开放源代码许可下发布能部署的软件项目,其监管级别较低
	3 ~ 4	在开源许可下发布能广泛部署的软件项目,并通过监管框架提供积极支持
	5 ~ 7	遵循扎实的监管实践,制定行业标准并得到行业机构的批准
	8 ~ 10	遵循世界最佳监管实践,制定行业标准,并得到全球公认的权威机构的认可
成熟程度	1(提议的)	该协议已在相关文档中描述,但尚未发布
	2(新兴的)	该协议可能正在使用,但仍在修订中,或已得到批准但尚未广泛应用
	3(广泛应用)	该协议的稳定版本已被广泛应用

(二)MaaS 相关的数据交换机制

由于不同运输提供商的数据存储标准往往存在差异,无法直接融合。为满足不同 MaaS 组件需求 MaaS4EU 项目研究提出的数据交换方案，该方案由各组件独立生成数据并基于统一标准进行组件间的信息交互。各运输服务提供商必须提供可供外部调用的数据底层 API，并进行数据上传，而数据标准不兼容问题则通过顶层 API 解决。具体交换机制如图 2-20 所示。

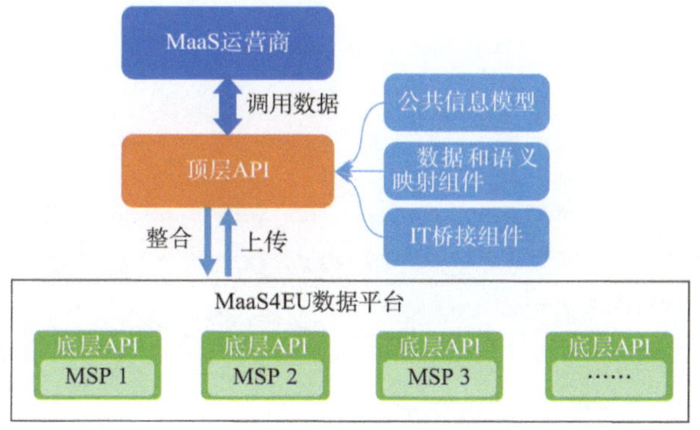

图 2-20 MaaS4EU 数据交换机制示意图

顶层 API 是不同运输服务提供商之间数据交换的关键，主要由公共信息模型(Common Information Model，CIM)、数据和语义映射组件和 IT 桥接组件组成。其中，公共信息模型是一个抽象模型，可以描述特定系统信息模型中包含的所有主要对象，以及这些主要对象的公共类、属性和它们之间的关系。MaaS4EU 项目中公共信息模型主要基于 schema. org(信息集存储标准)整合各运输服务提供商当前使用的标准，并建立通用数据表，将底层不同标准的数据格式进行统一；数据和语义映射组件主要用于将数据对应到映射列表和 API 注册表，完成数据提供者提供或需求的数据索引、分类和语义注释。

八、MaaS 服务人机交互设计

国际典型 MaaS APP 包括哥德堡的 UbiGo、赫尔辛基的 Whim、斯图加特和汉堡的 Moovel、柏林的 BeMobility、维也纳的 WienMobil 和 Smile、蒙特利尔的 EMMA、汉诺威的 MobilityShop、乌特勒支的 HelloGo、拉斯维加斯的 SHIFT 等，在 MaaS 用户界面、功能界面的设计方面，基本涵盖查询、预订、支付、票务、账户和评价等功能，基本功能设计如图 2-21 所示。

(1)注册：基于账户的消费是数字经济与共享出行背景下的典型特征，注册是数字世界中对某个个体进行表征的必要方式，通过注册可让服务提供者了解个体的相关信息与偏好，同时基于注册可实现与个人银行账户体系、信用体系等方面的关联，形成 MaaS 服务的基础。

(2)查询：实时信息查询功能主要是为用户在出行过程中提供实时的信息服务，如托运行李实时位置信息、附近服务点信息、行程异常信息提醒、地区天气等其他辅助信息等。

图 2-21　MaaS 信息服务系统功能设计

(3)预订：为用户提供智能出行规划和公铁联运换乘方案。根据用户提供的时间、起始点、目的地等信息以及直达优先、时间短、票价低等深度优化条件，系统可以给出较优的几种出行搭配方案，具体包括各交通模式名称、行程时间、距离和票价，中间换乘路线、时间和距离等内容，使旅客可以基于特定情况以及舒适度选择最合适的出行换乘方案，并可以购买相应车票，及早作出行程预订。

(4)支付：为用户提供出行方案支付服务，提供多种电子支付方式供用户选择。

(5)票务：MaaS 服务运营商应与各种运输服务提供商合作，确定退改签业务、票务验票以及电子发票开具等方案，以确保用户可以按约定条款进行票务的退改签，既成订单电子车票可通过所有交通模式验票系统，以及按用户选择开具各交通模式或者组合交通模式的电子发票。

(6)评价：在用户完成行程后，为用户提供出行服务评价，具体包括用户舒适度、便捷性、可靠性、满意度等方面的指标评价。

第三节　典型案例分析

一、典型国家与地区进展

(一)欧盟 MaaS 示范

2016 年，欧盟依托地平线 2020 科技计划资助了 MaaS4EU、IMOVE、Mycorridor 等项目，从用户行为偏好、MaaS 商业模式、MaaS 定价套餐、预订支付和票务等技术、数据管理和交换标准、MaaS 政策框架以及 MaaS APP 研发等方面开展 MaaS 相关的研究，为欧洲 MaaS 开展和实施提供理论依据和可行工具，并选取典型城市开展了城市、城际和跨境走廊等不同服务场景的 MaaS 示范应用。

1. MaaS4EU 项目

MaaS4EU 项目资助金额为 366 万欧元(约合人民币 2830 万元)，周期为 2017 年 6 月 1 日—2020 年 5 月 31 日。项目由来自 9 个国家的 17 个合作伙伴组成，其中牵头单位 INTRASOFT 是一家 IT 解决方案和服务集团，其他由大学、政府、运输企业、科技公司、金融公司等不同背景的合作伙伴共同参与研究。MaaS4EU 项目着重从用户需求、商业模式、技术和数据以及政策法规等四大研究方向进行创新性探索，旨在为欧盟 MaaS 发展提供可量化的依据、可行框架和工具。

项目在顶层设计上，按照研究组织层面，将项目分成了项目管理、MaaS 生态系统设计、业务模型设计、终端用户需求分析、企业数据框架、动态及个性化 MaaS 服务设计、MaaS 开发平台、应用示范及概念验证、推广和影响评估、商业应用开发、道德规则要求等 11 个研究小组。具体研究组织架构如图 2-22 所示。

(1)项目管理组(WP1)：负责项目研究、财务、风险等方面管理工作，确保项目保质保量完成，并与欧盟委员会建立有效沟通渠道。

(2)MaaS 生态系统设计组(WP2)：负责研究 MaaS 生态体系涉及的利益相关者，并分析其诉求；研究 MaaS 技术架构和政策框架。

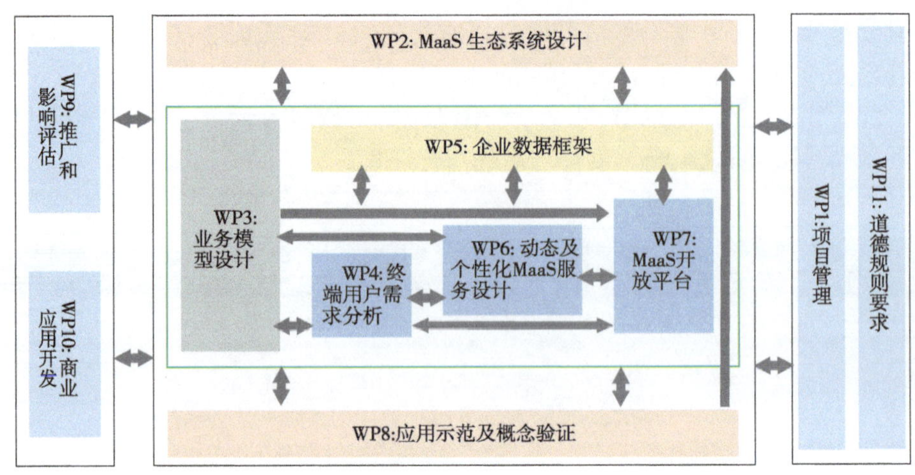

图 2-22 MaaS4EU 项目研究与组织架构

(3)业务模型设计组(WP3):负责研究 MaaS 业务模型,包括 MaaS 产品设计和定价、融资和收入分配模型;研究 MaaS 生态系统参与者间合作协议和欧盟乘客权利法律法规。

(4)终端用户需求分析组(WP4):研究最终用户对 MaaS 服务偏好和需求,评估用户接受度和支付意愿。

(5)企业数据框架组(WP5):研发支持 MaaS4EU 技术平台运行的企业数据框架。

(6)动态及个性化 MaaS 服务设计组(WP6):研发 MaaS 服务(个性化、定制化)动态规划模型。

(7)MaaS 开放平台组(WP7):负责将 WP4 ~ WP6 中的研究结果整合到单个 MaaS4EU 开放平台,研发个人出行助手和外部开放 API。

(8)应用示范及概念验证组(WP8):负责建立示范试验区,开发和测试 MaaS4EU 解决方案,评估应用示范效果。

(9)推广与影响评估组(WP9):负责推广 MaaS4EU 解决方案,使其成为智能,绿色和集成出行服务的代名词。

(10)商业应用开发组(WP10):为 MaaS4EU 项目的成果制订商业战略和业务计划,确保所提出的业务解决方案的可持续发展。

(11)道德规则要求组(WP11):负责制定项目道德要求。

MaaS4EU 项目针对大曼彻斯特(英国)、卢森堡(德国)和布达佩斯(匈牙利)三个试点区域的居民和游客分别开展城市内、城市间和跨境 MaaS 服务示范应用。通过监测 MaaS 服务对用户的短期出行模式和中期汽车所有权拥有情况的影响,为评估欧盟 MaaS 实施预期效果提供一定的依据。

为评估 MaaS 实施效果,项目组从降低用户出行成本、优化现有公交服务、丰富公交服务产品、降低私家车保有量、缓解道路拥堵、改善空气质量、提高用户出行满意度等 7 个方面,构建了 MaaS 实施效果评估指标体系。

项目组分别在三个示范城市选取一定数量的参与者进行了 MaaS 实施效果评估,其评估结果是根据参与者对 7 个评价方面的主观感受("1-改善并不明显"到"5-有了很大改善")和对各指标重要程度的权重分配情况(从 0 ~ 100 分)得出(三个示范区 MaaS 实施效果评估结果见表 2-9)。从该表可以看出,三个示范区在上述 7 个方面均取得了不同程度的效果,但不同示范区域在最佳成效方面表现并不一致,曼彻斯特地区 MaaS 应用示范在提高用户出行满意度方面尤为明显,卢森堡地区 MaaS 应用示范对优化现有公交服务方面表现突出,布达佩斯地区的 MaaS 应用示范对丰富公交产品方面具有最佳的实施效果。

MaaS 实施效果评估指标重要度情况表　　表 2-9

预期效果平均值	降低用户出行成本	优化现有公交服务	丰富公交产品(如定制公交)	降低私家车保有量	缓解道路拥堵	改善空气质量	提高出行满意度
曼彻斯特	32.23	67.69	65.00	23.62	40.46	38.92	69.23
卢森堡	24.00	49.00	57.60	18.00	35.20	38.60	48.80
布达佩斯	34.43	73.32	51.64	45.70	51.81	34.32	55.56

2. IMOVE 项目

IMOVE 项目资助金额为 369 万欧元(约合人民币 2857 万元),周期为 2017 年 6 月 1 日—2019 年 11 月 30 日。项目由来自 7 个国家的 13 个合作伙伴组成,其中牵头单位 SOFTECO SISMAT SRL 是意大利一家主营绿色运输、生产和城市建设,提供整合管理的综合服务公司。IMOVE 项目着重从商业模式、规范准则、软件平台、数据共享等方面开展研究,主要目标为改善 MaaS 及其基础业务模型的部署和运营,从而提高欧洲 MaaS 计划的可扩展性,加快欧洲 MaaS 部署,最终为欧洲 MaaS 用户提供漫游服务奠定基础。

目前,IMOVE 解决方案已在英国曼彻斯特、德国柏林、意大利图灵、瑞典哥德堡四个欧洲地区进行了城市和跨境客运领域的 MaaS 调查和示范应用。这些地区都在从事或计划进行 MaaS 开发,同时 MaaS 用户的漫游服务也在欧洲得到示范应用。

IMOVE 的总体目标是“加快 MaaS 方案的部署和扩展,为欧洲漫游服务铺平道路”,该项目致力于实现先进的、跨境的、多式联运的旅行和预订/票务等功能。项目通过示范应用,提出利益相关者职责应包含以下内容。

(1)市政府和交通部门:负责制定战略政策,规划相关区域的运输系统,并对每种交通服务的运营进行采购。关注 MaaS(市场和技术方面)动态,并定义适当的治理模型,以确保公平竞争和适当的服务水平。

(2)其他公共行政部门:参与支持或建议有关城市规划、环境或经济方面的政策,使之与新的出行商业模式相一致,从而可能对就业水平、社会包容、城市安全、环境排放、土地利用等方面产生相关影响(无论是正面还是负面的)。

(3)地区经理:通常指交通经理,负责优化人口稠密地区的交通可达性;确保新的出行模式(如专用停车位的管理、限制区域的通行证等)涉及的驾驶员的可用性,并确保 MaaS 方案尊重了传统的交通管理政策。

(4)运输服务提供商:参与出行市场并体验新的出行模式。

(5)研究机构:在交通或技术部门工作,有可能研究和概述新的出行趋势,并作为创业环境的加速器和机构顾问。

另外,IMOVE 项目在示范应用阶段研究提出了一套实施评估效果指标,具体指标情况见表 2-10。

实施评估指标　　表 2-10

准则层	指标项	具体指标要求
满足当今需求的高级、跨界、多模式出行计划和预订	与出行路径规划 APP 连接情况	DoA 中规定:通过软件启动器,将至少三个受欢迎的出行规划 APP 与五个示范应用地区 MaaS 平台相关联
	与其他非出行规划 APP 连接情况	通过软件启动器,将至少五个非旅程规划 APP 连接到每个示范应用地区的 MaaS 平台
	增加出行次数	出行次数增加 30%
	增强联运出行	多式联运出行增加 8%
	提高综合票务服务	在示范区,增加 25% 的人使用综合票务服务,其中 5% 涉及一种以上交通方式的车票
	减少服务购买时间	用户在网上购买多式联程客运服务的总时间减半
	降低运营成本	由 MaaS 专有平台连接的运输企业运营成本减少 5%

续上表

准　则　层	指　标　项	具体指标要求
确定未来出行框架要求，包括社会责任行为、促进可持续发展、增进社会包容性	提高对 MaaS 的认识	5 个示范区各开展一次品牌认知度宣传活动，重点是明确由 IMOVE 软件支持的新出行模式
	支持模式转换	1. 集约化交通模式出行和小汽车共享增加 10%； 2. 学生和老年人使用集约化交通运输工具出行增加 20%； 3. 私家车保有量减少 5%
	减少财政补贴	2% 的补贴用于弥补当地公共交通公司的损失，作为集约化交通服务出行增加对其影响的补偿
在适当的技术系统和服务支持下进行概念验证，包括示范、测试和发展公私合作	让当地参与者参与 MaaS 计划	每个示范区至少有 10 个 MaaS 参与者（所有 MaaS 本地计划中包括的运输服务提供商、ITS 研发公司、科研学术机构和其他相关服务提供商），作为可持续交通规划（Sustainable Urban Mobility Plan，SUMP）和当地其他出行策略议程的目标
	促进技术合作	每个涉及的运输服务提供商与示范区参与者至少有一个数据共享过程（套餐、配置文件、公共数据模型）
	促进地方协议	根据当地政策，所有运输服务提供商之间至少要达成一项旨在实现环境目标的地方协议
创新的商业模式	通过额外服务丰富 MaaS 计划	每个示范区至少提供 3 个辅助服务，以丰富示范区现有的 MaaS 运输条款（如包裹运送、长途出行预订、出行管理和/或忠诚度计划以及与城市出行相关的其他设施）
	支持 MaaS 的投资	将所有地区 ICT 预订/票务服务和设备的投资回收期减半
	为 MaaS 设计新的业务模型	集成出行服务的 10 种新颖的目标业务模型（每个示范区 2 个场景）

续上表

准　则　层	指　标　项	具体指标要求
其他影响	提高吸引力、竞争力和运输质量	对运输服务的竞争力、吸引力和质量的影响
	促进模式转换、提高运输效率、减少交通产生的外部性	促进模式转变，提高运输效率和减少交通产生的外部性
	促进 MaaS 标准化过程	对标准法规的影响

项目针对 5 个示范区对每一项指标进行了评估，评估结果反映出 MaaS 在提高综合票务和节省购票时间等方面具有良好促进作用，进一步明确了数据交换对于 MaaS 技术发展的重要性，可促进当地合作方技术发展和当地交通生态系统的整体合作；另外，项目还总结了 MaaS 实施所需的关键要素（图 2-23），提出了 MaaS 服务运营商应结合当地的特点，根据确定目标精心分析、设计当地地区 MaaS 实施方案。但由于数据的敏感性或数据无法获取，致使有些指标值（如降低运营成本、支持 MaaS 的投资、增加出行次数、增强联运出行等指标）无法衡量；同时，由于用户样本量有限，致使“减少补贴、促进模式转换”和“提高运输效率、减少交通产生的外部效用”等指标很难得出有效结论。

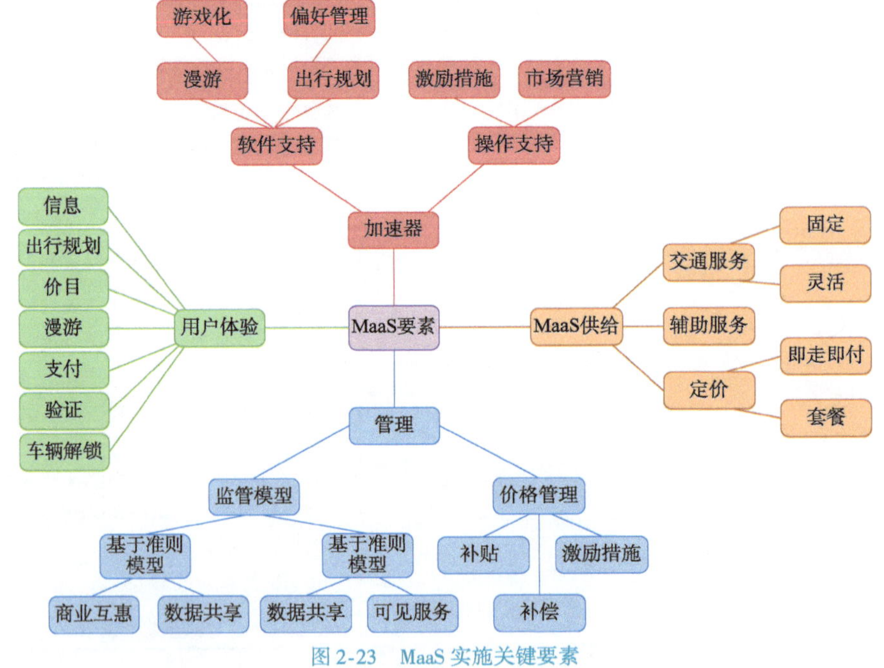

图 2-23　MaaS 实施关键要素

尽管有些预定的目标并没有完全实现，但 IMOVE 通过示范应用，从提供信息或有限票务功能的初级 MaaS 服务已发展到更大的运输服务整合（如支付和初始治理模型），且跨城市的 MaaS 服务已经在马德里和柏林之间得到成功验证。

3. Mycorridor 项目

Mycorridor 项目资助金额为 349 万欧元（约合人民币 2698 万元），周期为 2017 年 6 月 1 日—2020 年 5 月 31 日。项目由 17 个合作伙伴组成，其中牵头单位是泰恩河畔纽卡斯尔大学（University of Newcastle Upon Tyne）。Mycorridor 项目着重从系统架构、软件平台、服务提供商协议、用户数据模型、法律协议等方面开展研究，主要目标一方面基于 ITS 技术建立创新性 MaaS 平台（图 2-24），促进城内、城际交通发展，提高跨境交通中公共交通的使用比例；另一方面加强交通运输市场多方合作，迭代市场体制，促进交通运输市场现代化发展。

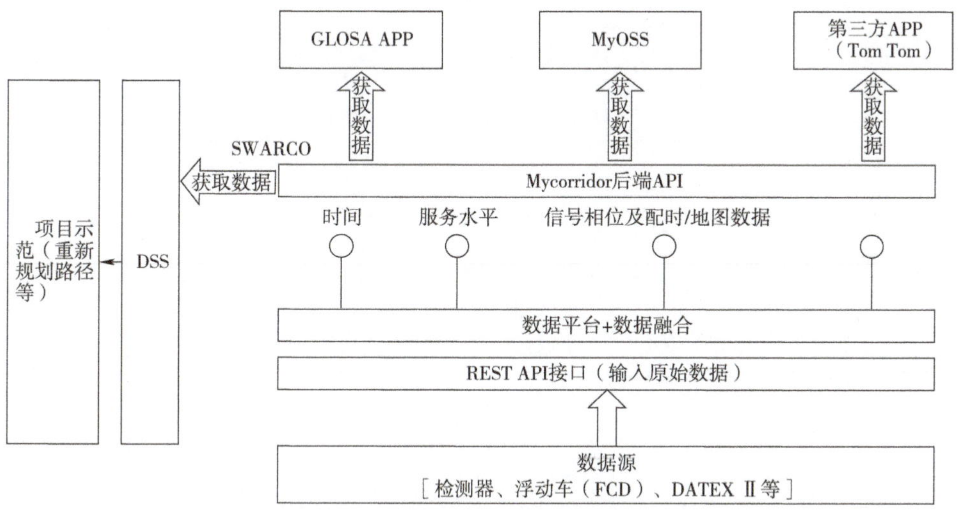

图 2-24 Mycorridor 项目系统架构

Mycorridor 项目针对交通管理服务、MaaS 车辆相关服务、与 MaaS PT 接口相关的服务、横向非出行服务等内容（表 2-11），从南部（希腊、意大利）到中部（奥地利、德国、荷兰）和东欧（捷克）（曼彻斯特、布达佩斯、卢森堡）开展欧洲跨境走廊 MaaS 示范应用，以期能增加 10% 乘客出行量、增加 25% 老人和残疾人的出行量，实现 15% 私人小汽车转移量、降低 20% 乘客出行成本、提高 10% 出行效率，减少 75% 城市碳排放。

Mycorridor 项目具体应用示范内容　表 2-11

示范内容	具体内容
交通管理服务	1. 交互式交通流量管理； 2. 事件管理； 3. 基于 FCD 的高级流量预测(由驾驶员在返回出行令牌时提供)； 4. 城市充电(有关交通灯状态、交通事件等车内信息)； 5. 区域访问控制
MaaS 车辆相关服务	1. 高级导航服务； 2. 停车； 3. 停车换乘； 4. 共享/拼车； 5. 共享电动汽车； 6. 出租汽车服务； 7. 共享单车； 8. 现收现付保险
与 MaaS PT 接口相关的服务	1. 多模式实时信息； 2. 多模式出行规划/预订/票务； 3. 单模 PT 服务(即自驾游船)
横向非机动服务	1. 会员计划； 2. 基于 AVATAR 概念的生态行为方案； 3. 出行令牌； 4. 清算(合作伙伴之间的结算应由许可的支付服务提供商执行,该提供商根据欧洲支付服务指令的规定进行操作)； 5. 集成支付

(二)美国 MaaS 发展

2020 年 3 月,美国运输部正式启动完整出行(ITS4US)项目,计划投资 4000 万美元,在全国范围内开发和部署智能出行解决方案,项目内容如图 2-25 所示。完整出行指的是个人可靠而高效地从出发地到目的地的能力,而不存在旅行链上的空隙。该项目是一项由美国联邦公共交通管理局(Federal Transit Administration,FTA)、联邦公路管理局(Federal Highway Administration,FHWA)和美国智能交通系统联合计划办公室(Intelligent Transportation System Joint Program Office,ITS JPO)共同领导的 ITS 部署计划,旨在通过 ITS 新技术、鼓励公私合作等一系列措施消除"交通荒漠",为所有的出行者(包括残疾出行者、农村地区出行者、低收入出行者、老人、退伍军人、语言障碍者等弱势群体)提供可选择的、全链条的智能出行服务，具体出行方案如图 2-26 所示。

图 2-25 完整出行项目

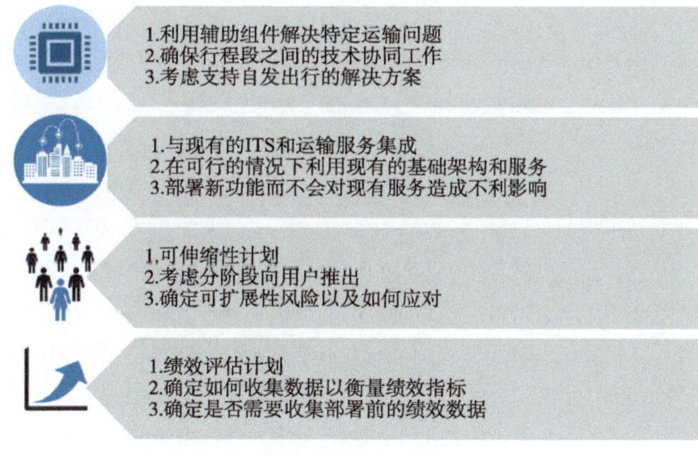

图 2-26 完整出行项目创新性出行方案

项目重点在行程规划、无障碍公交、户外导航、室内导航、路口安全等方面形成可复制的出行模式,具体功能需求如图 2-27 所示。

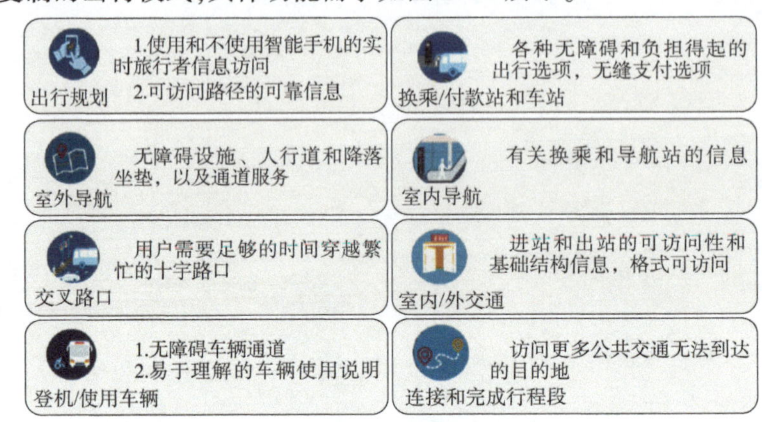

图 2-27　交通需求

项目计划分三个阶段实施。第一阶段:概念开发,主要为完整出行项目实施进行概念开发;其次建立圆桌会议。第二阶段:设计和测试,主要为设计、测试和实施完整出行方案;评估方案框架和规划。第三阶段:运营和评估,主要为进行多个大规模部署演示;评估部署;共享数据和经验学习。项目计划未来三年实现无障碍公交的残疾人出行满意度达 80%、预约出行者的时间减少 40%、路口事故率减少 20% 等目标。

(三)澳大利亚 MaaS 发展

为了推动 MaaS 在澳大利亚的发展,2018 年,澳大利亚智能交通协会(Intelligent Transport Systems Australia,ITSA)联合澳大利亚国家交通和出行研究与发展中心(iMOVE Cooperation Research Centre)组织开展了一项各方对 MaaS 态度的调查,并于 2019 年发布了调查报告。该调查一方面回顾了当时全球的 MaaS 发展状态,另外进行了国际知名专家的访谈,尤其是面向 4000 多名平均年龄 46 岁的受访者(性别划分:51% 女性、49% 男性;人口密度分布:80% 城市人口、20% 农村人口)开展了大规模针对 MaaS 态度的大调查,邀请 80 多位来自政府、学术界、产业界的 80 多位专家进行了调查问题的设计。调查结果表明:年龄在 30 岁以下的人对 MaaS 和按需出行服务的偏爱(40%)要比年龄较大的人(14%)高。MaaS 中的年轻用户也不太可能持有驾驶执照,在新南威尔士州和维多利亚州,年龄在 18 ~ 25 岁之间的年轻人中约有 23% 的人没有驾照,而在澳大利亚西部,这一比例跃升至 41%,这可以解释为何年轻人对 MaaS 的兴趣比较高。

2019 年,为进一步明确澳大利亚发展 MaaS 可能存在的主要障碍以及如何克服这些障碍,iMOVE 联合新南威尔士州运输局(TfNSW)、南澳大利亚大学以及悉尼大学联合开展了一项探索性研究。该项目重点围绕新南威尔士地区,分别从消费者、企业和政府的角度,形成了 MaaS 在都市圈和城市中发展将面临的机遇和挑战,确定了用于提供 MaaS 服务的新兴商业模型,根据不同的 MaaS 服务场景,项目明确了各场景下可能存在的主要障碍。在此基础上,项目为政府部门如何发展和监管 MaaS 提出了相关的政策建议。

2019 年,iMOVE 联合悉尼大学运输与物流研究所(ITLS)、智能出行服务商 SKEDO 公司,在悉尼开展了澳大利亚首个 MaaS 示范项目。该项目研发的 TripGo 软件将为参与者提供为期六个月的试用,在大悉尼地区工作、生活和旅行的符合条件的参与者可通过 TripGo APP 来安排日常出行需求,该平台提供的服务内容涵盖公共交通(包括地铁、电车、轮渡和公共汽车)和大量基于小汽车的共享化运输服务(例如,出租汽车、汽车租赁、共享汽车如 Uber 和 GoGet 等)。参与者通过 TripGo 软件可对不同出行服务方案的出行成本、时间、排放量以及出行者健康收益等方面进行比较。目前,该项目正在应用示范过程中。

同时,进一步促进 MaaS 在澳大利亚的有效和公平发展,澳大利亚智能交通协会(ITSA)于 2019 年专门组织成立了 MaaS 国家参考委员会(National Reference Committee),参考委员会由来自澳大利以及国际上约 50 个政府、学术界、产业界等主要组织的代表组成,以确保能为澳大利亚 MaaS 的发展提供广泛的专业知识。基于该参考委员会平台,各机构间可共享各自的研究、应用示范以及国际参与等方面的最新信息,进而促进各机构间的合作。

(四)日本 MaaS 发展

2018 年,日本政府在未来投资发展战略(Future Investment Strategy 2018)中提出推动 MaaS 发展,希望主动解决交通问题的同时创造新的产业机会。同年,日本国土交通省(Ministry of Land, Infrastructure, Transport and Tourism)召开了城市和区域性新出行模式圆桌会议,提出要促进日本全境不同层级交通运输领域内、跨领域间的商业发展,完成"通过 MaaS 的相互合作实现普遍化"和"出行的高附加值"两大目标,实现"日语版本的 MaaS",促进城镇发展,具体规划框架如图 2-28 所示。会上针对每个区域特征,分别提出了 MaaS 发展措施,具体见表 2-12。

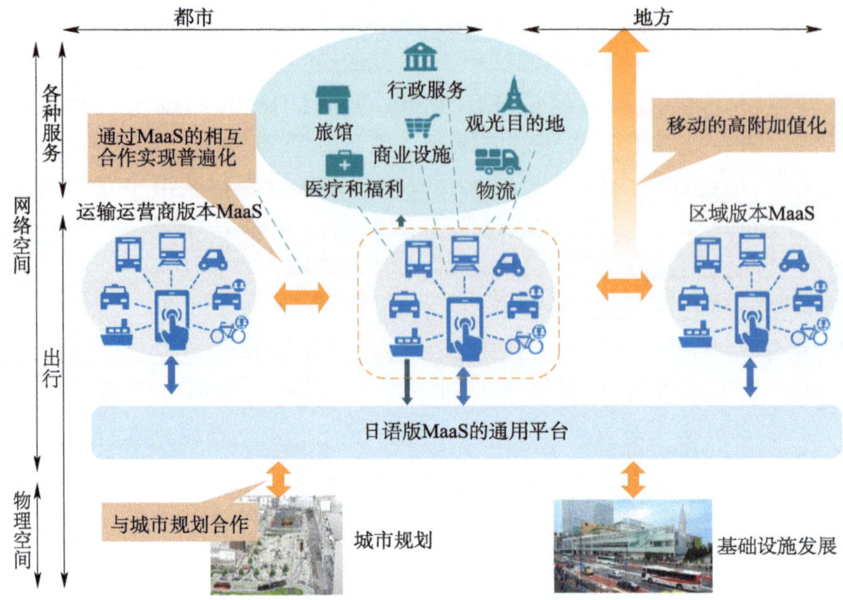

图 2-28 日本 MaaS 发展规划

区域 MaaS 发展措施 表 2-12

项目	大城市	大城市郊区	地方城市	农村郊区/人口稀少地区	旅游区类型
区域特征	1. 人口:大; 2. 人口密度:高; 3. 运输系统:铁路运输	1. 人口:大; 2. 人口密度:高; 3. 运输系统:铁路/汽车	1. 人口:中; 2. 人口密度:中; 3. 运输系统:汽车主体	1. 人口:中; 2. 人口密度:中; 3. 运输系统:汽车主体	1. 人口:—; 2. 人口密度:—; 3. 运输系统:—
地区课题	1. 出行需求多样化的对应; 2. 挖掘潜在需求; 3. 日常的堵车和拥挤	1. 最初/最后一英里交通工具不足; 2. 由于活动和天气等造成的局部混乱	1. 对私家车的依赖; 2. 公共交通的便利性和事业核算性降低; 3. 返还驾照后的高龄者、无私家车持有者的出行手段不足	1. 对私家车的依赖; 2. 交通的衰退; 3. 交通空白地带的扩大; 4. 返还驾照后的高龄者、无私家车持有者的出行手段不足严重化	1. 地方二次交通不足,旅游交通的实现; 2. 针对激增访日外国人的出行平滑化; 3. 针对多样化的旅游需求的细致应对

续上表

项目	大城市	大城市郊区	地方城市	农村郊区/人口稀少地区	旅游区类型
引进目的	1. 提高所有用户出行便利性； 2. 缓和日常出行混乱	1. 提供最初/最后一英里出行服务； 2. 在特定条件下消除局部混乱	1. 面向地区提高生活交通便利性； 2. 高程区域内的环流	1. 保护和维护日常流量； 2. 保护空旷地区的运输和物流网络	1. 改善游客的流动性； 2. 扩大和改善外国人来日本的旅游经验
实现示例	MaaS： 1. MaaS 之间的合作； 2. 维护各种模式之间的交通节点； 3. 考虑通用设计； 4. 提供多种语言的信息等。 新运输服务： 共享出租汽车，超紧凑型出行	MaaS： 1. 与大都市 MaaS 合作； 2. 整合核心运输和最初/最后一英里运输； 3. 与生活服务合作； 4. 提供各种付款和登机确认方法等。 新运输服务： 汽车共享，按需运输，未来的自动驾驶服务等	MaaS： 1. 与其他区域性 MaaS 合作； 2. 建立新的转移基地； 3. 多种交通方式的统一费率服务； 4. 与生活服务合作； 5. 提供各种付款和登机确认方法等。 新运输服务： 按需运输，汽车共享等	MaaS： 1. 与邻近的 MaaS 等合作； 2. 整合区域内的各种运输资源； 3. 与生活服务等合作。 新运输服务： 人口稀少地区的混合货物和乘客，以路基车站等小型基地为中心的自动驾驶服务等	MaaS： 1. 使用 MaaS，包括机场访问交通和城际干线交通合作； 2. 与行李运送服务整合； 3. 与旅游服务等合作。 新运输服务： 按需交通，绿色慢行等
今后的努力方向	1. 实现各种经营者之间的数据协作； 2. 实现以可持续社会为目标的城市、交通政策相吻合	实现以可持续社会为目标的城市、交通政策相吻合	1. 实现以可持续社会为目标的城市、交通政策相吻合； 2. 交通经营者之间的合作	1. 从居民角度实现可持续服务； 2. 实现以可持续社会为目标的城市、交通政策相吻合	1. 经营者之间的持续合作、协作； 2. 各地区 MaaS 的相互通用性的实现

从 2019 年至今，日本国土交通省加大对日本 MaaS 发展的支持力度，围绕 MaaS 开展了一系列的活动，具体见表 2-13。

日本国土交通省为促进 MaaS 发展而开展的活动　　表 2-13

时　间	活动内容
2020 年 7 月 3 日	促进引入无现金支付,以实现日语版的 MaaS。支持改善区域公共交通的便利性(向 9 个地区和 9 个企业发行了日语版的 MaaS 基础设施开发项目)
2020 年 5 月 7 日	促进基于 AI 按需运输模式,以实现日语版的 MaaS(进行 6 个地区和 6 个企业示范)
2020 年 4 月 17 日	公开招募新的 MaaS 建设的示范项目
2020 年 4 月 16 日	举行经合组织(OECD)国际运输工人联盟(ITF)人口稀少地区创新出行工作组第一次会议
2020 年 3 月 19 日	制定了《与 MaaS 相关的数据链接合作指南 1.0 版》
2019 年 9 月 13 日	促进 MaaS 传播,召开智能交通挑战地区研讨会
2019 年 7 月 31 日	为实现日文版 MaaS 而进行业务模型的示范应用
2019 年 6 月 18 日	促进区域模型构建,以开发日语版的 MaaS; 评选出第一年推行 MaaS 的 19 个先进示范项目
2019 年 5 月 22 日	计划举行智能交通挑战研讨会,通过公私合作促进新的交通服务
2019 年 4 月 18 日	支持构建 MaaS 新型出行服务的区域模型,公开招募新的出行服务项目
2019 年 4 月 8 日	发起智能交通挑战赛,以鼓励当地社区和公司之间的合作,实现基于物联网和人工智能的新型出行服务的应用示范

2017 年 9 月,JR East 公司与国土交通省、日本丰田、东京急行电铁株式会社等政府、交通公司、汽车企业、大学和研究机构等联合成立了日本 MaaS 推进联盟(Japan Consortium on MaaS,JCoMaaS),如图 2-29 所示。目的是为了推动日本 MaaS 发展,并致力于通过下一代公共交通来实现交通转型。联盟提出了设立智慧出行服务挑战促进委员会(Smart Mobility Challenge Promotion Council),并定义了协作领域以及需要共同创新的领域,计划在全国 28 个地方开展试点应用。截至 2019 年 2 月,该组织已有 98 位运营成员和 40 位普通成员参加。

另外,在 2019 年 4 月,东京急行电铁联合 JREast 公司在静冈县伊豆地区开展"IZU MaaS"实验项目——日本国内首个观光型 MaaS 实验项目。该实验活动具体在伊东市、下田市的伊豆东部地区,以及包括修善寺等在内的伊豆中部地区开展。项目设计专门的 APP"Izuko",以车站为核心,可供用户搜索当地公交、出租汽车、轨道交通等多种交通工具,并实现从预约到结算的全部功能。日本希望借助此次观光型 MaaS 实验的开展,进一步提高前来观光旅游的日本游客和访日外国游客数量。

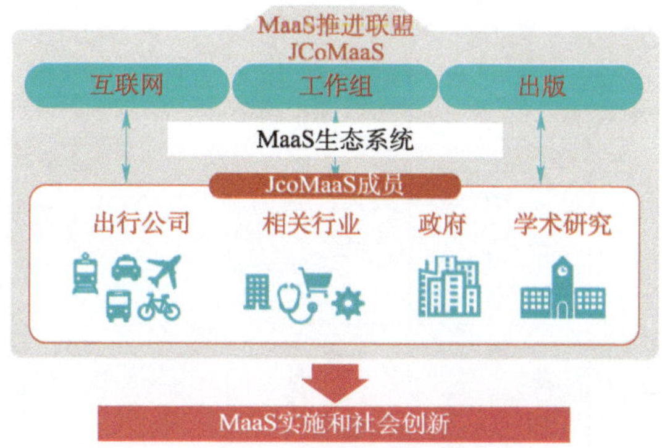

图 2-29 日本 MaaS 推进联盟

除了政府部门注重 MaaS 发展外,为适应近年来全球快速发展的出行服务体系,日本的汽车产业巨头们都在考虑如何转型,从而均特别热衷如何更好融入 MaaS 服务生态中,其中最有代表的当属丰田汽车公司。2017 年 6 月,丰田投资了 MaaS Global 公司;2018 年推出了基于自动驾驶与共享出行理念融合下面向未来多场景出行应用的 e-Palette 自动驾驶载运服务平台;继投资 Uber、Grab 等共享出行公司后,2019 年又投资了中国滴滴出行公司。

二、示范应用案例

MaaS 的出现为各国交通运输发展带来了新的机遇和挑战。目前,各个国家和地区也正积极开展 MaaS 的实施应用,全球已推出了几十款 MaaS APP 服务。本书主要针对一些典型 MaaS 产品和应用情况进行简要概述,而不是对产品和应用进行详尽审查。国际典型 MaaS 产品实施应用情况见表 2-14。

(一)UbiGo

UbiGo 是 2013 年在瑞典哥德堡 Go:Smart 项目中开发试运行的,旨在促进城市地区人们更可持续的交通出行,减轻私人汽车拥有对环境和物理基础设施施加的过大压力以及对公民生活质量的影响,同时开辟新的绿色企业。

UbiGo 通过整合已有的运输解决方案和运输服务提供商,包括公共交通、共享汽车、租赁汽车、出租汽车和共享自行车,通过智能手机 APP 的网络界面为用户提供各种出行服务套餐。UbiGo 商业模式基于灵活的月度用户订阅,用户还可以按需购买额外的出行服务。具体来说,UbiGo 允许用户(以家庭为单位,通

表 2-14

国际典型 MaaS 产品实施应用情况

MaaS 产品	创立时间	状态	地区	交通服务模式	产品服务功能	MaaS 运营类型	个性化	定制化
UbiGo	2013—2014 年	试点	哥德堡(瑞典)	公共交通、共享自行车、共享汽车、汽车租赁、出租汽车	出行规划、预定、票务、支付、发票、24 小时用户热线服务	私有企业	—	具有充值和累积的出行预算
Whim	2016 年至今	运营	赫尔辛基(芬兰)、伯明翰(英国)、安特卫普(比利时)等	公共交通、共享自行车、汽车租赁、出租汽车、网约车	实时信息服务、出行规划、预定、票务、支付、发票	MaaS Global，私有企业	同步日历、个人信息共享、社交互动	充值，可变更订购服务
Moovel	2016 年至今	运营	德国几个地区、北美洲	公共交通、共享自行车、共享汽车、出租汽车、轮渡	实时信息服务、出行规划、预订、票务、支付、发票、市政服务	Daimler，私有企业	收藏最喜欢的路线、行程中断的个性化通知	与社交媒体账户链接、取消预订
Navigogo	2017—2018 年	试点	苏格兰	公共交通、出租汽车、共享自行车、共享汽车	—	私有企业	—	—
Föli / Tuup	2015 年至今	运营	图尔库(芬兰)	公共交通、共享自行车、共享汽车、出租汽车、拼车	实时信息服务、出行规划、预订、票务、支付	私有企业	根据用户日程优化行程	根据成本和二氧化碳服务推荐
EMMA	2014 年至今	运营	蒙特利尔(法国)	公共交通、共享自行车、共享汽车、停车场	—	TAM，私有企业	—	—

续上表

MaaS 产品	创立时间	状态	地　区	交通服务模式	产品服务功能	MaaS 运营类型	个性化	定制化
Qixxit	2013 年至今	运营	德国、欧洲	公共交通、汽车租赁、共享自行车、共享汽车、出租汽车、火车、飞机和长途汽车	实时信息服务、出行规划、预订(共享模式/出租汽车/区域火车)、票务、支付、发票、服务提醒	Deutsche Bahn,德国铁路公司	获取用户偏好,单独优化	—
helloGo	2017 年	试点	乌得勒支(荷兰)	公共交通、火车、出租汽车、自行车、汽车租赁等	—	Keolis,私有企业	—	—
Shail	2017 年至今	运营	迪拜	公共交通、出租汽车、共享汽车、汽车租赁	出行规划、预订、票务支付、提醒、附近 POI	RTA,道路交通管理局	—	—
MyCicero	2015 年至今	运营	意大利	公共交通、出租汽车、停车、区域火车和公交	实时信息服务、出行规划、预订、票务、支付、发票、市政服务	私有企业	存储订票类型,记录和分享行程信息	根据用户出行方式偏好和支付偏好进行服务推荐
Smile	2014—2015 年	试点	维也纳(奥地利)	公共交通、共享自行车、共享汽车、出租汽车、停车、收费、轮渡、区域火车	实时信息服务、出行规划、预订、票务、支付、发票、服务提醒	私有企业	根据用户画像优化行程规划	基于出行轨迹成本、时间和二氧化碳筛选模式

续上表

MaaS 产品	创立时间	状态	地　区	交通服务模式	产品服务功能	MaaS 运营类型	个性化	定制化
Hannov-ermobil 2.0	2014 年至今	运营	汉诺威(德国)	公共交通、共享汽车、出租汽车	—	Üstra，私有企业	—	—
Wien Mobil Lab	2015 年	试点	维也纳(奥地利)	公共交通、共享自行车、共享汽车、出租汽车和停车	实时信息服务、出行规划、预订、支付、发票	公共机构	会员享有个人汽车和共享自行车数据留存	基于成本、时间和二氧化碳筛选模式
Zipster	2019 年至今	运营	新加坡	共享自行车、出租汽车、地铁、公交车、共享脚踏车和电动滑板车	实时信息服务、出行规划、预订、支付、票务、保险	mobilityX，私有企业	提供交通意外事故保险	总结用户月交通费用、推出包月套餐服务
incenTrip	2018 年至今	运营	美国华盛顿	公共交通、共享汽车、代驾、自行车	实时信息服务、出行规划、预订、支付、票务、奖励积分	美国马里兰大学	实时绿色积分激励措施以诱导用户出行	基于成本、二氧化碳筛选模式
MaaS Madrid	2018 年至今	运营	西班牙马德里	公共自行车、公交车、出租汽车以及共享汽车等	用户注册、路线规划、实时信息、支付、票务	EMT，市政交通公司	—	—
MinRe-jseplan	2018 年至今	运营	哥本哈根	公交车、港湾公交车、地铁、火车、出租汽车、拼车、汽车共享租赁和公共自行车	出行规划、实时信息、预订、支付、票务	私有企业	—	根据价格、出行时长、出发时间筛选模式

常是家庭的任何数量的个人,包括成人和儿童)随时预订出行服务,自定义出行服务需求和消费信用额度,通过联合账户按月支付订阅。

UbiGo 最初通过运输服务提供商现场调查和评估,6 个月内(2013 年 11 月—2014 年 4 月)共有 83 个家庭 195 个人成为付费用户。最初评估目的主要探讨用户激励措施和新的出行服务的便利性和经济优势,以及提供商从中获取的附加值。在整个实验过程中,人们的出行行为发生了较大的变化,私人小汽车的使用人群和频率下降,公共交通工具、共享自行车等绿色出行模式的出行比例得到了较大提升。关于乘客对出行的满意程度方面,在调查结束时,在那些报告行为改变的人中,只有 3% 的人不满意这种改变,97% 的参与者希望继续作为 UbiGo 客户。随着实验的进行,参与者对旅行的满意度也越来越高,满意度从项目实施前的77% 提高到实施中的88% ,实施后的93% 。试用结束6 个月后(不再提供该服务),满意度下降到了试用前的水平(75%),具体调查分析情况见表 2-15、表 2-16。

出行行为变化情况 表 2-15

项　目	更　少	跟之前一样	更　多
私人小汽车	48%	48%	4%
共享自行车	16%	61%	23%
公交/有轨电车	4%	46%	50%
当地火车	7%	75%	18%
共享汽车	6%	37%	57%
出租汽车	12%	68%	20%
步行	6%	73%	21%

不同交通模式态度 表 2-16

项　目	更加否定	跟之前一样	更加积极
私人小汽车	23%	74%	3%
共享自行车	1%	57%	42%
公交/有轨电车	2%	46%	52%
当地火车	3%	71%	26%
共享汽车	3%	36%	61%
出租汽车	6%	76%	18%
步行	2%	82%	16%

2016 年，UbiGo 与爱立信达成合作协议并在瑞典重新推出商业服务，其中爱立信提供 MaaS-IT 平台、UbiGo 提供业务概念。

(二) Whim

Whim 是 MaaSGlobal 与运输服务提供商合作推出，根据用户的出行偏好分析用户的出行规律，为用户推荐最佳出行方案，包括公共交通、出租汽车、汽车租赁、共享单车、共享汽车等多种出行方式，具体用户界面如图 2-30 所示。目前，Whim 已在芬兰赫尔辛基、英国伯明翰、比利时安特卫普、奥地利维也纳、新加坡和大东京地区等多个国家的城市得到了应用。截至 2018 年 8 月，Whim 已拥有 45000 名注册用户，其中有 5100 用户按月支付费用。

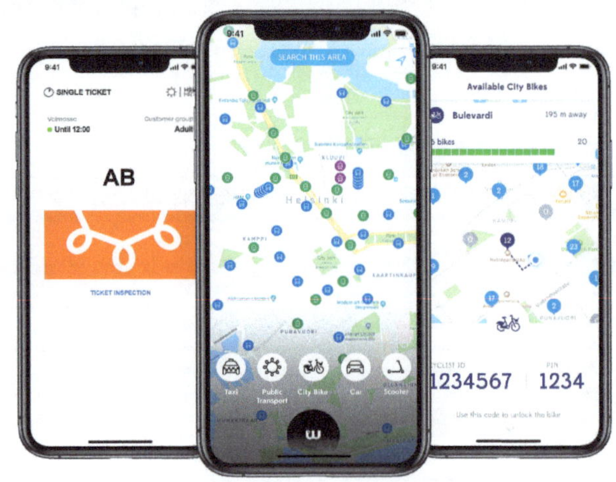

图 2-30　Whim 用户界面

Whim 主要推出现用现付和包月出行套餐两种资费模式。出行套餐包括两种：一是每月 499 欧元，可以无限次乘坐公共交通（如公共汽电车、地铁、轮渡和当地火车）、80 次出租车（5km 以内）、无限次公共自行车（30min）、无限次租赁汽车、电动滑板车（标准定价）；二是每月 249 欧元，可乘坐无限次公共交通、无限次公共自行车（30min）、价格比较便宜的出租汽车（8.5 折）、无限次租赁汽车（周末）和电动滑板车（标准定价）；三是每月 32.80 欧元（学生票），可乘坐无限次公共交通、公共自行车季票 24.90 欧元、出租汽车现走现付、租赁汽车现走现付和电动滑板车（标准定价）；四是每月 59.70 欧元，可乘坐无限次公共交通、无限次公共自行车（30min），4 次出租汽车（5km 以内 10 欧元）、无限次租赁汽车（49 欧元/日）和电动滑板车（标准定价）。对于想要试用该服务的人来说，也可选择现用现付方式按次付费。具体套餐情况如图 2-31 所示。

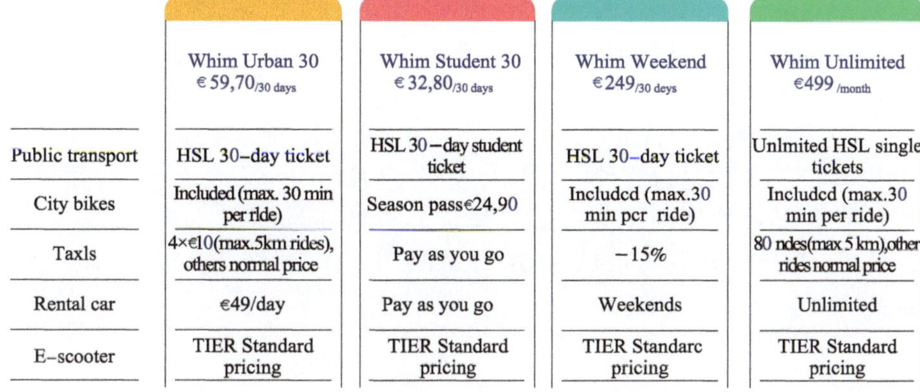

	Whim Urban 30 €59,70/30 days	Whim Student 30 €32,80/30 days	Whim Weekend €249/30 deys	Whim Unlimited €499/month
Public transport	HSL 30-day ticket	HSL 30-day student ticket	HSL 30-day ticket	Unlmited HSL single tickets
City bikes	Included (max. 30 min per ride)	Season pass €24,90	Includcd (max.30 min pcr ride)	Includcd (max.30 min per ride)
Taxls	4×€10(max.5km rides), others normal price	Pay as you go	−15%	80 ndes(max 5 km),other rides normal price
Rental car	€49/day	Pay as you go	Weekends	Unlimited
E-scooter	TIER Standard pricing	TIER Standard pricing	TIER Standarc pricing	TIER Standard pricing

图 2-31 Whim 套餐

(三)Moovel

Moovel 作为戴姆勒的全资子公司,其目标是简化城市交通系统。2015 年,Moovel 在德国斯图加特推出其首个集成预订和支付功能的 MaaS 平台,整合了公交、地铁、出租汽车、共享汽车服务提供商 Car2Go 和 mytaxi、共享自行车以及国家铁路系统 Deutsche Bahn,推出现用现付的资费标准,为用户提供多交通方式的出行规划、预订、支付和票务等服务,其用户界面如图 2-32 所示。截至 2019 年底,Moovel 在全球的 22 个城市提供服务,用户已经达到 750 万人。

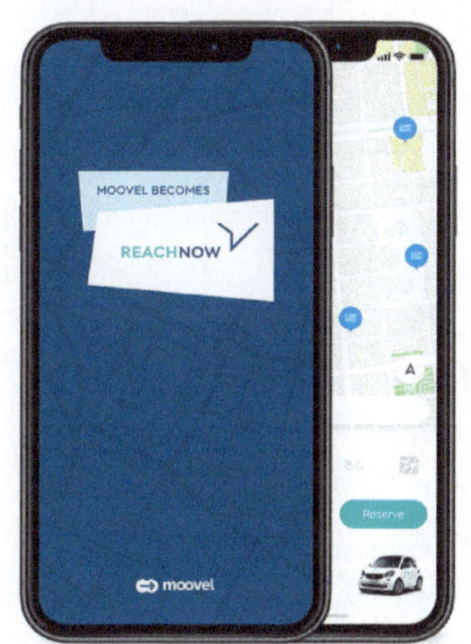

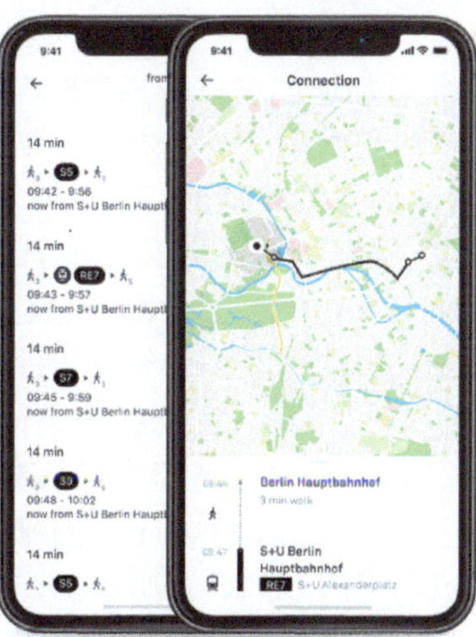

图 2-32 Moovel 用户服务界面

(四)EMMA

在法国蒙彼利埃,EMMA 整合了当地公交运营系统、共享自行车系统和共享汽车系统,主要为出行者提供在线出行规划和实时交通信息,具体如图 2-33 所示。在产品套餐方面,EMMA 主要推出包年/包月订购套餐,且针对不同年龄段的出行者有不同的收费标准。其中,包年/包月用户可以免费使用各类城市公共交通,但是若想使用 Velomagg 共享单车和 Modulauto 共享汽车,则需另外支付费用。在支付方面,EMMA 推出"EMMA 卡"作为唯一能访问所有服务的密匙。

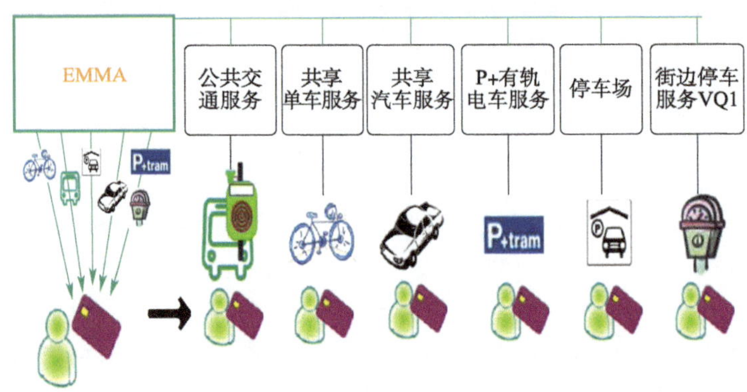

图 2-33　EMMA 涵盖的交通模式

(五)Zipster

2019 年,新加坡起步公司 mobilityX 推出了包含日常通勤的所有出行方式(如共享自行车、出租汽车、地铁、公交车等交通方式)的手机 MaaS APP ——Zipster,具体用户界面如图 2-34 所示。该 APP 可以为乘客提供点到点的出行连接计划,以及便利的支付模式,乘客无须就每个出行区段进行支付。在新加坡举行的世界 ITS 大会期间,该 APP 为正式注册代表提供二维码下载,并提供 8 元新币的预存交通费用,鼓励代表使用该 APP 搭乘各种交通方式在新加坡出行。

Zipster 与现有 MaaS 应用程序不同的是,Zipster 整合了共享自行车和电动滑板车。目前,该应用程序和八家交通业者合作,计划推出每月付费的套餐服务,方便用户使用公共交通和私召车业者的服务,可节省 5% ~20% 的交通费。该 APP 能将用户的月交通费用总结,用户可随时了解个人月出行花费情况。另外,该 APP 还和 AXA 保险集团合作,提供交通意外事故的保险给使用 Zipster 的用户,确保他们出行无忧。

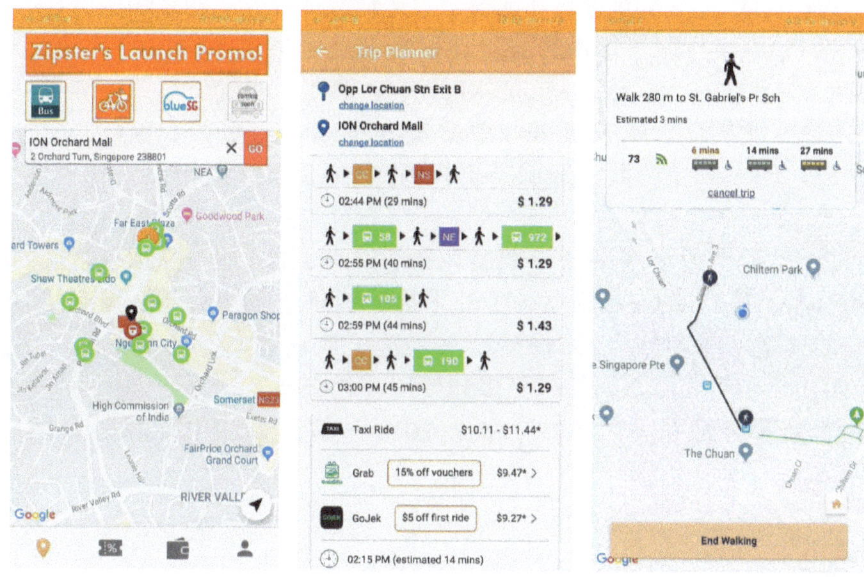

图 2-34　Zipster APP 用户界面

（六）S' hail

为提高城市公共交通的出行分担率，减少机动化水平以及与交通有关的排放和死亡，迪拜道路和交通管理局（Dubai' s Road and Transport Authority，RTA）在 2016 年启动了迪拜综合出行服务平台（DIMP）的建设和 S' hail 移动应用程序的研发，该出行服务平台是中东地区首个 MaaS 平台，目的是将所有可用的公共和私人运输模式整合到一个应用程序中，具体用户界面如图 2-35 所示。

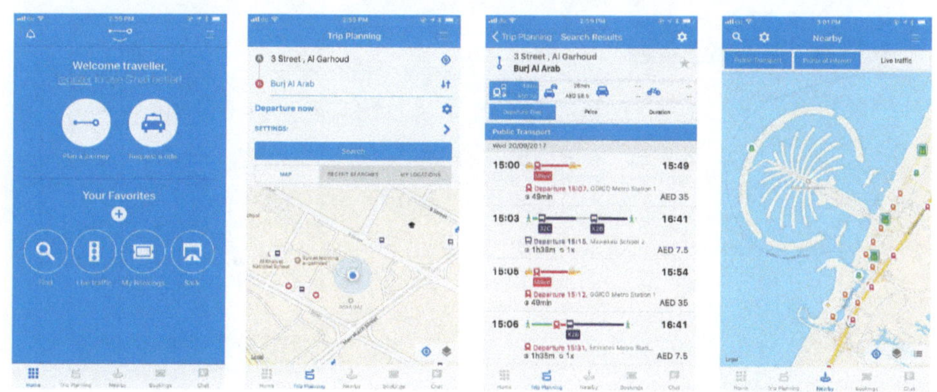

图 2-35　S' hail APP 用户界面

S'hail 集成了 RTA 自身和其他第三方运输服务提供商的运输服务，为各类乘客提供 MaaS 出行服务解决方案。该平台涵盖了阿联酋国内的各种交通工具，包括公共汽车、电车、地铁、轮渡、出租汽车、豪华轿车、汽车共享和叫车服务等，为用户提供有关过境，交通和收费站票价的实时信息、行程预订、支付和票务等服务。RTA 既是公共交通服务提供商，也是 S'hail 应用程序和平台的运营商。

自 2017 年 10 月以来，S'hail 已被用于超过 100 万次旅行并预订超过 25000 次出租汽车。目前，RTA 已根据 S'hail 采集的数据，分析并提出一些举措，比如引入新的公交路线和站点，并根据需求调整了地铁和电车的时间表。另外，S'hail间接地帮助人们在出行时更多地使用公共交通工具，从而减少 CO_2 的排放。经有关部门研究，与 2017 年相比，2018 年迪拜整体 CO_2 排放量减少了 2100 万 kg。

（七）incenTrip

incenTrip 项目最初由美国能源部高级研究计划局（ARPA-E）通过交通项目拨款 450 万美元资助，其技术开发也得益于美国科学基金会和美国部联邦公路管理局的资助。incenTrip 是由美国马里兰大学研发，目前已在华盛顿特区-巴尔的摩地区实施应用，具体用户界面如图 2-36 所示。incenTrip 为用户提供了公交、共享汽车、代驾、自行车等多种交通模式。用户可随时了解每种出行方案的旅程时间、距离、成本（车费、燃油、停车费等）和全国交通、事故、特殊事件和天气实时情况。

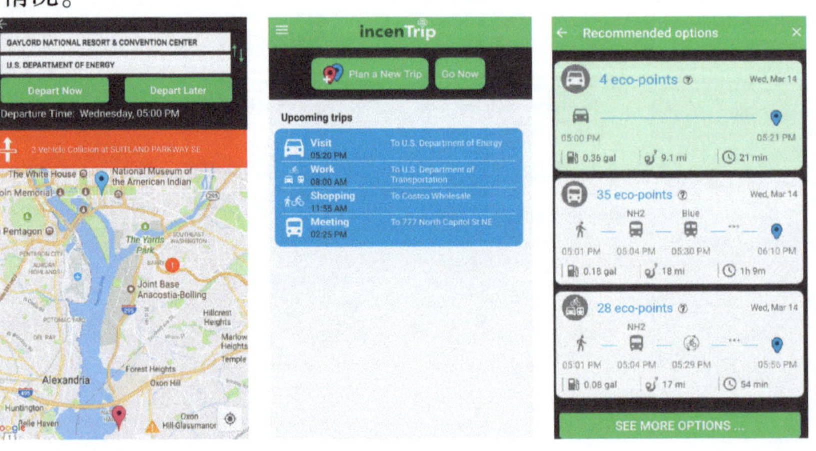

图 2-36　IncenTrip APP 用户界面

incenTrip 最大的特色是提供个性化和实时绿色积分激励措施，以诱导和协调用户出行需求。incenTrip 采用最新的 ARPA-E 技术精确预测交通量，帮助旅客避免因交通事故、工作区、特殊事件和恶劣天气条件而造成的日常拥堵和交通堵塞。后台系统通过模型给出最佳线路和奖励措施，以诱导出行者调整出行时间，避开高峰和瓶颈。用户在收到关于最佳旅行模式、出发时间和路线建议的同时，获得奖励积分，积分可兑换加油卡、免费交通工具、EZ pass 信用卡、自行车和 Uber 车、礼品卡、慈善捐款或现金。此外，incenTrip 分析并帮助用户采用环保驾驶行为，每年可为每位用户节省数百美元的燃油成本。

（八）MaaS Madrid

马德里在市政交通公司（La Empresa Municipal de Transportes de Madrid，EMT）和市议会的支持下，启动了 MaaS Madrid 项目。该项目涵盖所有交通方式，如公共自行车、公交车、出租汽车以及共享汽车等，为用户提供注册、路线规划、实时信息服务、预订、支付等服务，具体用户界面如图 2-37 所示。

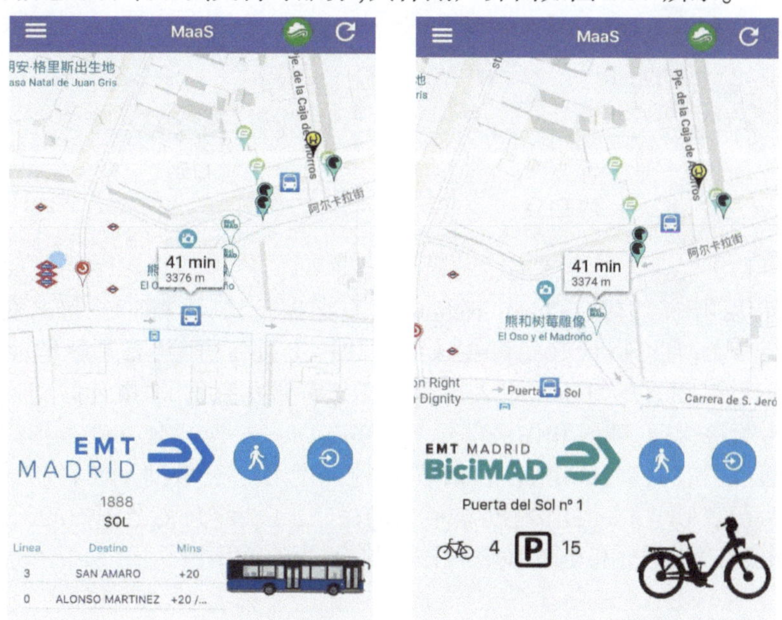

图 2-37　MaaS Madrid APP 用户界面

（九）MinRejseplan

2018 年 9 月 17～21 日，第 25 届世界 ITS 大会在哥本哈根的贝拉中心举行。

哥本哈根市技术和环境管理项目负责人 Steffen Rasmussen 在会议上首次公布了多交通模式集成的 MaaS 应用程序 MinRejseplan。MinRejseplan 作为 Rejseplanen APP 的最新版本,有着更加强大的功能,允许出行者从更多的交通工具中进行选择,包括公交车、港湾公交车、地铁、火车、出租汽车、拼车、汽车共享租赁和公共自行车,具体用户界面如图 2-38 所示。

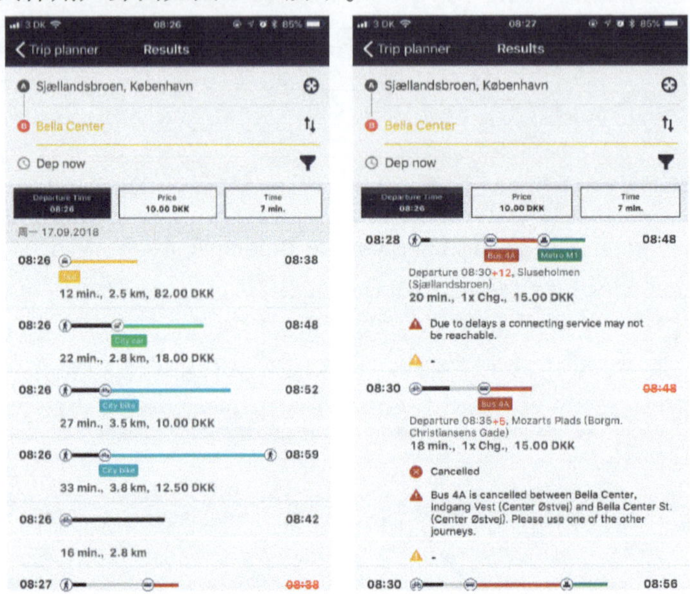

图 2-38　MinRejseplan APP 用户界面

世界 ITS 大会的参会代表参与了该试验项目,代表们可以使用该应用程序进行多元化的出行选择。MinRejseplan 可以根据价格、出行时长和出发时间对出行进行分类。此外,代表们可在该应用程序上进行订票,有了新的 MinRejseplan应用程序,更多的哥本哈根人可以选择把车留在家里,改乘公共交通工具旅行。哥本哈根交通、建筑和住房部长 Ole Birk Olesen 说:"公共交通部门继续致力于交通数据的共享,MinRejseplan 在某种程度上已经做到了。"Rejseplan A/S 的首席执行官 Christina Hvid 说:在不久的将来,还会将丹麦范围内的长途汽车、国内航班、自驾巴士,甚至更多交通方式整合到该应用中。

三、法律法规

(一)法国《法国出行服务法案》

《法国交通出行服务法案》于 2019 年 6 月 18 日被国民议会正式采纳。主

要目标是为了具体、有效地改善人们的日常出行,实现更便利、更实惠、更清洁的交通出行。此法案侧重于改善三个层面的内容:

(1)更多、更好地投资于日常交通出行。

(2)简化并鼓励实施新出行方案,以满足大众出行需求。

(3)致力于向更清洁的交通出行模式转变。

该法案从以下5个方面组织并开展:惠及所有人员和所在地区的出行方案;加速新的出行方案的增长;实现出行的生态能源转换;投资日常交通出行服务;确保良好的交通运营。

1. 惠及所有人员和所在地区的出行方案

该法案以削减过多的出行"空白区"为目标,确保组织机构能够对所有区域提供交通服务以此来替代私家车出行,具体关键措施见表2-17。

惠及所有人员和所在地区的出行方案关键措施 表2-17

序号	内容
1	使用交通的权利将会向提供出行服务的权利转变
2	为了能够给所有居民提供出行服务,交通出行权利机构将覆盖到所有区域
3	将在良好的区域范围内组织好、行使好出行权利机构的职能。具体而言,法案将让各市镇选择是否以市镇共同体方式来管理出行。否则,将是由各行政大区来管理
4	负责出行的权利机构将会更便利地提供新的出行服务,如日常定时定点交通服务、定制出行、校车出行、重大活动出行、共享出行和集体出行
5	新的交通出行计划将取代现有的城市出行计划
6	将由各权利机构组织成立合作伙伴委员会。委员会将就交通出行供需的变化情况、定价政策、服务质量和信息进行磋商
7	交通的投入转换为出行的投入。合作伙伴委员会将讨论如何提供日常固定公共交通服务,并根据区域人口密度在同一联盟团体内调整出行费率
8	各行政大区的出行主导地位将得到进一步巩固,以协调其区域内各权利机构的出行职能
9	交通出行运营合同要确保各单位团体之间能协调合作完成各项出行服务,特别是涉及铁路车站或多式联运集散地等基础设施的管理
10	权利机构在集体出行方面采取相应措施以支持经济或社会层面的弱势群体:建立个人经济援助,咨询或个性化支持,特定服务等
11	将提供给求职者,学员或领域工作人员个性化的出行服务
12	将提供一系列的具体的措施使残疾人员的出行更加便利

2. 加速新的出行方案的增长

该法案允许新的出行方案的出现，包括新的出行形式，如共享汽车、自助式出行、自动驾驶出行和多模式出行，具体关键措施见表2-18。

加速新的出行方案的增长关键措施　　表2-18

序号	内　容
1	整个出行服务的数据将从2019年12月，最迟于2021年开放，以实现100%的交通信息能够一键获取
2	由各大区提供的所有出行信息的门户网站将向用户开放
3	从2020—2022年，允许自动驾驶汽车运行的法律框架将更加合理化，并优先考虑自动化的摆渡车
4	通过一系列具体措施发展共享汽车，如当局尽可能提供日常共享出行补贴，让驾驶员也像乘客一样出行；或继续在都市圈主干道建造共享汽车行驶的专用车道
5	调整法律框架来引导城市郊区进行新出行解决方案的尝试
6	为自助式出行服务（如自由浮动电板车）提供新的调度方案
7	定义新的权利内容，以重新平衡出租汽车驾驶员、专车和服务平台之间的联系。如中断与服务平台通信的权利、拒绝行程单的权利、接受行程单之前对价格和行程距离的知情权
8	可能提升城市圈以外路网的最高速度为80 ~ 90 km/h

3. 实现出行的生态能源转换

该法案致力于让交通方式向更清洁的出行方式转变，将采取一系列措施以支持具有更少污染的出行模式发展，并鼓励向使用清洁型汽车，具体关键措施见表2-19。

实现出行的生态能源转换关键措施　　表2-19

序号	内　容
1	在2050年前，实现路面交通碳中和的目标。具体路线为：截至2030年，减少37.5%的温室气体排放；截至2040年，禁止碳石化燃料汽车的出售。法国是欧盟国家中第一个在出行法案中提出此明确目标的国家
2	到2024年，提高自行车出行占比（从3%增长到9%）
3	截至2022年，实现电动车公共充电桩5倍数量目标
4	发展天然气新能源汽车和配套的充气站设施
5	支持清洁能源汽车的购置，并提供优惠
6	对机动车辆发布广告信息，以鼓励其共享出行；对商家出售的车辆张贴空气排放等级标识

续上表

序号	内　容
7	人数超过50的企业需要商议工作人员的出行问题
8	到2020年,全面实施可持续出行套餐(最高200欧元/年),给在职员工使用自行车和共享汽车。对额外使用其他公共交通的员工,套餐可以累计至400欧元/年
9	实行清新空气的弱交通排放区域。经政府部门启动,法国23个集体领土包括1700万居民的区域开始致力于此项计划

4. 投资日常交通出行服务

该法案实现投资规划的新方式,清除过去没有资金的项目计划,明确提出对未来十年的交通政策项目优先考虑并保证有资金投入。其中,更多的资金将投入到交通基础设施中,并优先考虑能更好地投入到日常交通出行之中,具体关键措施见表2-20。

投资日常交通出行服务关键措施　　表2-20

序号	内　容
1	从2018—2022年,计划投资134亿欧元。预计在2023—2027年的五年计划期间,投资额度将达到143亿欧元
2	在此五年期间,四分之三的交通资金将集中投入到铁路行业
3	重新定位投资计划,支持日常交通出行项目而不是新的大型项目
4	对于基础设施分阶段实施的大型项目,运营部门将推行优先考虑改善日常交通出行的新方式
5	可能设置项目监管部门以加速完成一些基建项目
6	确保将部分能源产品消费税(TICPE)分配给基础设施融资
7	航空运输为了平衡民航预算所使用的额外机票税将用于资助清洁运输方式
8	截至2020年6月30日,政府将向议会汇报关于重启夜间客运列车的发展前景
9	关注并支持山区、岛屿、跨海洋和边境区域基础设施发展

5. 确保良好的交通运营

在确保个人用户和企事业用户的利益方面,该法案提出了一系列具体措施,让交通部门能够行使良好的职能,具体关键措施见表2-21。

确保良好的交通运营关键措施 表2-21

序号	内　　容
1	更快速、更低成本地获取驾照
2	全面覆盖夜间巴士的停车站点
3	残障人士不能被运载到地铁网以外的地方,除非能够提供此区域的紧急住所
4	支持港口和海上活动的竞争行为
5	针对海洋事务的生态和能源转化,具体措施是:到2022年1月1日前,分配部分游艇码头的停泊船位给电动船舶使用;制定法律条款以确保适应性地投资于商业港口的电力网络和码头
6	属于公共机构的北塞纳河欧洲运河公司向当地公共机构转型
7	开放巴黎大众运输公司(RATP)公交车的竞争;保障公共汽车的运营条件
8	改善城市间(尤其是在中部、远郊地区)道路交通员工岗位的转移条件
9	特许经营的公路企业应对使用替代燃料的汽车和加油站提出降价方案;授权及规范特许企业使用行驶收费系统
10	某些区域的铁路线网管理权可以委托给行政大区
11	制定铁路货运的发展战略

(二)芬兰《运输服务法案》(Act on Transport Services)

《运输服务法案》主要目的是为了支持新的服务模式并更好地满足用户的需求,进一步对运输系统进行整体审查,使市场准入更加容易,促进运输系统不同部分的互操作性,以提供更好、更便捷的出行服务。该法案在公共交通、出租及租赁服务、信息与运输服务、数据开放共享等方面提出了一系列的规定,具体要点见表2-22。

《运输服务法案》要点 表2-22

内　　容		要　　点
公共交通	经营许可证	1. 公共交通许可证将由旅客运输许可证代替,运输服务提供商可以经营出租汽车服务; 2. 许可证有效期为10年
	运输信息,票务和支付系统	1. 基本旅行和时间表信息可直接通过技术界面提供; 2. 票务和支付系统将可以互操作
	欧盟公共服务义务	1. 当局可以根据公共服务义务继续组织运输服务; 2. 定期运输许可证的要求将终止

续上表

内容		要点
出租及租赁服务	许可要求和许可需求	1. 所有客运服务需要出租汽车许可证； 2. 免除参加运输驾驶员课程和六个月的出租汽车驾驶员经验的要求； 3. 出租汽车服务许可证将针对特定服务提供商，而非特定车辆； 4. 持有客运和货物运输许可证的经营者也可以经营出租汽车
出租及租赁服务	影响驾驶员的要求	1. 出租汽车驾驶员仍需要获得出租汽车驾驶员许可证； 2. 驾驶员必须持有效的驾驶证且至少拥有至少两年前颁发的B级驾驶证
出租及租赁服务	批给的牌照数目	取消了出租汽车许可数量限制，从而取消了出租汽车数量限制
出租及租赁服务	车辆	私人小汽车也可以作为出租汽车
出租及租赁服务	工作区和返回义务	1. 出租汽车许可证将不再与运营区域相关联，可乘车往返于任何位置； 2. 出租汽车许可证将在全国范围内有效
出租及租赁服务	出租汽车旅程义务并返回运营区域	1. 出租汽车服务提供商可自定义何时何地提供服务，但必须公开主要运营区域和服务时间等信息； 2. 出租车许可证并非特定于操作区域
出租及租赁服务	出租汽车价格	价格法规将被删除，但必须提前向客户提供价格或其计算依据
出租及租赁服务	旅客利益	1. 驾驶员有义务为客户选择最便宜路线或由客户自选择路线； 2. 付款方式为现金和普遍接受的付款卡； 3. 运输服务提供商有义务确保乘客获得服务相关信息
信息和运输服务	出行服务的基本信息	运输服务提供商必须提供服务路线、站点、时间表、价格和可达性的基本信息
信息和运输服务	票务和支付系统的互操作性	运输服务提供商应通过开放的界面访问公路和铁路运输的票务和支付系统，以便可为旅行者提供至少一张完整出行链的票据
信息和运输服务	公共采购的互操作性	公共采购人员只能从具有互操作的票务和支付系统的服务提供商那里订购出行服务

续上表

内　容		要　点
数据开放共享	基础数据	1. 路线、站点、价格等数据必须可用且可获取； 2. 数据必须以最新开放的计算机可读格式提供； 3. 数据应该涵盖所有运输方式和乘客出行服务数据
	互操作性	构建 API 体系，通过 API 访问票务和支付系统
	隐私	数据所对应的服务和客户的隐私必须得到尊重

（三）欧盟《数据保护条例》（GDPR）

2018 年 5 月 25 日，欧盟出台《通用数据保护条例》（General Data Protection Regulation，GDPR）。该条例面向所有收集、处理、储存、管理欧盟公民个人数据的企业，限制了这些企业收集与处理用户个人信息的权限，旨在将个人信息的最终控制权交还给用户本人。GDPR 的出台为欧洲个人数据处理方式设立了统一标准，并可鼓励企业创新与节约企业运营成本。以下针对 GDPR 要点进行总结。

1. 适用范围

GDPR 不仅仅只适用于欧盟内成立或经营的公司。非欧盟成员国的公司只要满足下列两个条件之一：①为了向欧盟境内可识别的自然人提供商品和服务而收集、处理他们的信息；②为了监控欧盟境内可识别的自然人的活动而收集、处理他们的信息，该公司就受到 GDPR 的管辖。

2. 个人信息定义

GDPR 对个人信息的定义不仅包括直接信息（姓名、住址、电话号码等），还包括网络信息（IP 地址、Cookies 等）和间接信息（包括所有可追溯至某一特定个人的生理、心理、基因、文化等特征）。具体如下：

（1）基本的身份信息，如姓名、地址和身份证号码等。

（2）网络数据，如位置、IP 地址、Cookie 数据和 RFID 标签等。

（3）医疗保健和遗传数据。

（4）生物识别数据，如指纹、虹膜等。

（5）种族或民族数据。

（6）政治观点。

（7）性取向。

3. 数据相关方

数据相关方主要包括数据主体、控制者、数据处理者、第三方。

(1)数据主体:享有数据权利的主体,个人数据所指向之自然人为数据主体。

(2)控制者:义务主体,指单独或者与他人一起,决定个人数据处理之目的和方式的自然人、法人或者其他组织。

(3)数据处理者:义务主体,代表控制者,处理个人数据的自然人、法人或者其他组织。

(4)第三方:指未对个人数据有任何授权的其他方。

4. 数据主体权利

数据主体权利主要包括许可权、访问权、纠正权、限制处理权、反对权、可携权、被遗忘权、告知权等8项内容。

5. 责任共担

GDPR 规定收集和使用数据的数据拥有者需要对数据保护负责,同时数据处理者(如提供数据处理服务的云服务提供商等)也将需要直接承担合规风险和义务。在数据保护上,数据供应链自上而下的各方都会被问责。网络公司必须与合作伙伴们明确各自的责任和义务。

6. 用户批准

GDPR 规定企业必须获得数据提供者关于某明确合法用途的授权,并可出示数据获取方法的证明。在企业申请用户授权时需阐明:用户数据使用方的身份与联系方式、取得数据的目的与使用方式、数据是否会被跨境传输、数据存储时长等。

7. 消费者权益

用户可随时查看、修改、移动、删除数据,并要求企业开具数据备份及数据使用方式。用户也拥有随时取消授权和抗议的权利。当获取数据时,所述的目的不再适用或用户不再允许企业使用该数据,GDPR 规定企业必须删除用户信息,同时将用户的数据清除请求告知第三方处理机构。

8. 对于儿童的特殊保护

由于儿童相较于成人对于个人隐私泄漏的风险更不敏感,GDPR 规定对于16 岁及以下的儿童的个人信息处理须经过其监护人同意。

9. 数据保护官

如果组织大规模的监控或处理大量的个人数据,则必须任命数据保护官。

10. 隐私影响评估

当进行有风险的或大规模数据处理时,组织必须进行隐私影响评估,具体包括项目需求分析、涉及信息描述、风险识别、方案评估、方案执行、结果整合及监控等步骤。

11. 数据外泄通告机制

在发生数据外泄时,必须在72h内,即刻通报给监管机构。若外泄会给个人带来风险,也应该及时通知当事人。

第四节　经验与启示

通过对国外MaaS研究与应用进展进行梳理总结,本书从建立学术及产业联盟、重构政策法规体系、加强数据开放与隐私保护、完善技术标准规范、优化票制票价体系、制定社会激励目标、开展典型应用示范等7个角度进行经验借鉴。

1. 建立学术及产业联盟

MaaS涉及交通、信息、通信、智能AI、移动支付等各行业领域,其发展依赖于跨行业、跨领域的多方合作与协作。根据国际MaaS联盟发展经验(如欧洲MaaS联盟、日本MaaS推进联盟等),通过建立涵盖行业管理部门、学术研究机构、研发企业、交通运营企业、投融资商、保险商等多方参与的MaaS联盟,促进联盟成员之间形成互补的服务模式,既能充分保障利益相关者的合法权益,也能加快推动MaaS产业的发展。

2. 重构政策法规体系

通过对国际MaaS相关政策、法律法规的跟踪和研判,MaaS初期发展需要政府提供政策支持。例如,瑞典的法律法规限制受财政补贴的公共交通参与到Ubigo的常规商业环境中,且由于缺乏政府财政资金支持,UbiGo在试用期结束后没有进一步发展和完善。因此,政府在绿色出行、数据开放共享、交通财政补贴、信息安全等方面提供必要的政策支持,可鼓励MaaS运营利益相关者积极性,保障MaaS产业健康有序的发展。

3. 加强数据开放与隐私保护

MaaS 服务运营商需要通过获取多模式公共交通数据和用户个人数据来优化运输服务，尤其涉及敏感的个人信息安全问题。用户是否愿意共享信息，用户是否愿意被实时监测，所有的技术、规划和实施最终都要落实到数据开放共享，因此数据开放与隐私保护尤为重要。欧盟的 GDPR 虽然强调数据的保护，但却破坏了国际互联网系统和体系结构的透明度，存在个人隐私权与公众知情权的冲突和矛盾。因此，在数据保护方面需要基于国外 MaaS 数据保护条例，结合我国国情，建立健全数据开放和隐私保护机制。

4. 完善技术标准规范

MaaS 应用实施涉及支付、票务、身份认证、协同调度、数据共享等业务。为保障 MaaS 顺利实施，需配套完善的技术标准和规范，如数据交换规范、数据接口协议、电子支付和电子票证以及电子身份等相关技术标准等，明确标准体系建设要求，充分发挥标准对技术和产业的引导作用。

5. 优化票制票价体系

基于国外 MaaS 发展经验，严格的票价制度是 MaaS 发展的潜在障碍。MaaS 涉及多种运输模式，由于各主体运营成本不同，严格的票制票价难以满足 MaaS 服务运营商、用户等多主体的需要，极大遏制了 MaaS 的发展速度。因此需要结合多运输主体票价定价方案与政府财政补贴政策制定 MaaS 票价优惠方案。

6. 制定社会激励目标

国外部分 MaaS APP 可实现引导绿色出行理念。如美国华盛顿 IncenTrip 分析并帮助用户采用环保驾驶行为，用户采纳最佳旅行模式、出发时间和路线建议出行的同时了获得绿色奖励积分。MaaS 服务运营商应积极响应城市交通发展社会目标，通过奖励措施，鼓励居民绿色出行。

7. 开展应用示范

从国外 MaaS 发展经验可知，政府机构积极开展 MaaS 应用示范，有利于推动 MaaS 发展进程。根据 MaaS 理念主旨和特征和城市内、城市间的各交通模式整合情况，选取 MaaS 优先示范领域，分阶段有序开展 MaaS 实践应用，及时了解和解决 MaaS 在跨模式整合及实际运营中遇到的障碍和挑战，并面向企业、乘客和社会评估 MaaS 实施影响效果，为规模化推广应用奠定基础。

第三章　国内MaaS发展环境及条件

近年来，随着我国交通运输一体化发展的政策倡导、社会服务化和经济共享化的广泛普及、乘客多样化的出行需求以及国际 MaaS 的发展热潮，我国政府、行业管理部门、研究机构及相关企业越来越多地关注 MaaS 的发展，并营造了良好的发展环境，奠定了坚实的技术基础。

第一节　出行现状

一、城市公共出行

2019 年，我国城市公共汽电车运营车辆数达 69.33 万辆，运营线路达 65730 条，运营线路总长度达 133.62 万 km；我国城市轨道交通运营城市数量已达 41 座，运营线路总数达到 190 条，运营里程达 6172.2km，完成年客运量 238.78 亿人次，运营里程及客运量稳居世界第一；我国巡游出租汽车总计完成客运量 347.89 亿人次，虽较 2018 年减少了 3.77 亿人次，但仍然是城市中重要的公共出行方式之一。2010—2019 年，城市公共出行年客运量变化趋势如图 3-1 所示。

(一)公共汽电车

公共汽电车运营车辆数持续增长，但增速放缓。截至 2019 年底，我国城市公共汽电车运营车辆数 69.33 万辆(折合 79.15 万标台)，比 2015 年增加 13.15 万辆(折合 15.85 万标台)，同比增长 23.41%(标台数同比增长 25.04%)，变化趋势如图 3-2 所示。其中,新能源运营车辆数(包括纯电动客车、混合动力车)40.97 万辆,占我国城市公共汽电车运营车辆总数的 59.1%。

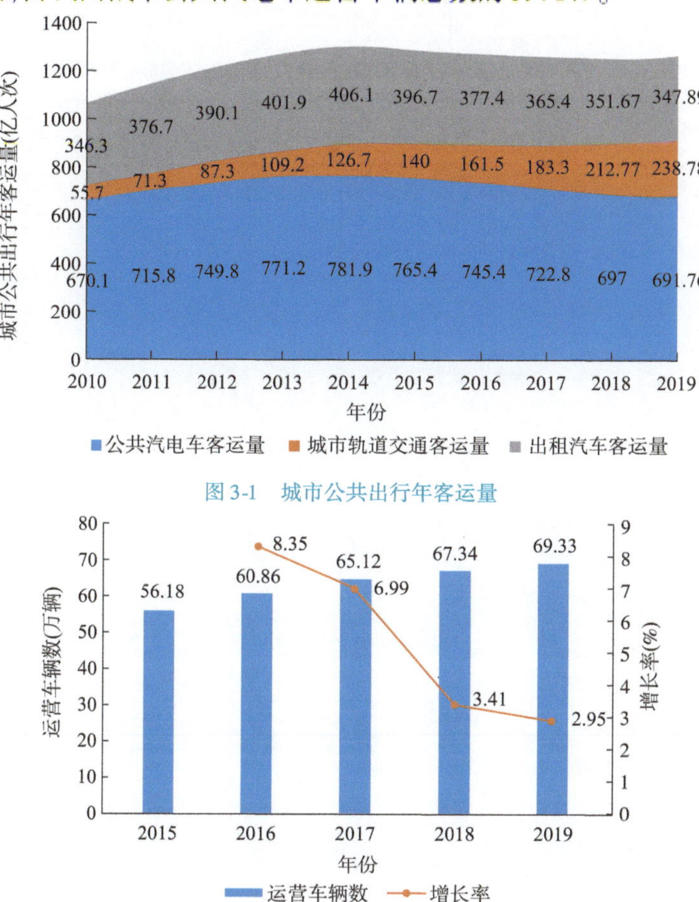

图 3-1 城市公共出行年客运量

图 3-2 城市公共汽电车运营车辆规模

公共汽电车运营线路条数和运营线路长度持续稳定增长。截至 2019 年底,我国共有城市公共汽电车运营线路 65730 条,比 2015 年增加 16825 条,同比增长 34.4%;运营线路长度 133.62 万 km,比 2015 年增加 44.22 万 km,同比增长 49.5%,变化趋势如图 3-3 所示。

公共汽电车客运量持续下降,2019 年降幅收窄。截至 2019 年底,我国城市公共汽电车运营里程 354.13 亿 km,比 2015 年增加 1.83 亿 km,同比增长 0.52%;城市公共汽电车客运量 691.76 亿人次,占城市客运量的 54.1%,比 2015 年减少 73.64 亿人次,同比减少 9.62%,变化趋势如图 3-4 所示。

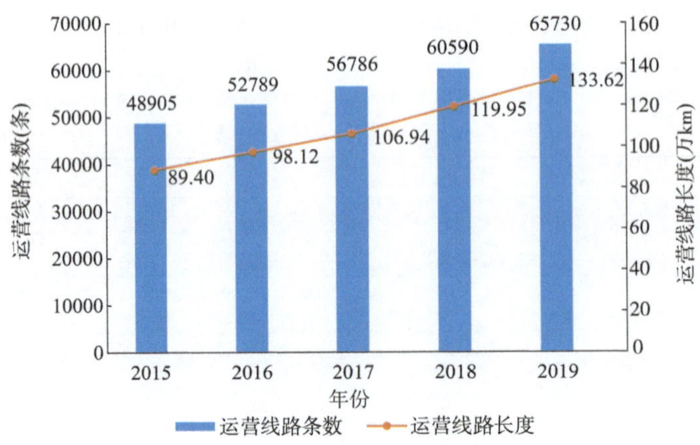

图 3-3　城市公共汽电车运营线路条数和运营线路长度

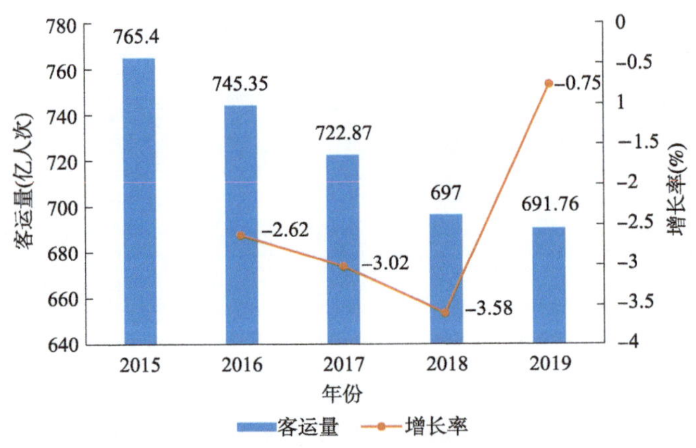

图 3-4　城市公共汽电车客运量

(二)轨道交通

城市轨道交通线网规模快速扩张。2019 年,我国城市轨道交通运营里程 6172.2km,比 2015 年新增 2976.8km,同比增长 93.16%;全国共开通城市轨道交通运营线路 190 条,比 2015 年新增 85 条,同比增长 81%;全国共有城市轨道交通车站 4007 个,比 2015 年新增 1915 个,同比增长 91.5%;全国轨道交通配属车辆共计 40998 辆,比 2015 年新增 21057 辆,同比增长 105.6%。2015—2019 年城市轨道交通线网规模数据见表 3-1。

城市轨道交通线网规模　　表 3-1

项　　目	2015 年	2016 年	2017 年	2018 年	2019 年
开通运营城市数(个)	25	30	34	35	41
运营线路条数(条)	105	124	153	171	190
运营里程(km)	3195.4	3727.5	4583.2	5295.1	6172.2
车站数(个)	2092	2468	3047	3408	4007
配属车辆(辆)	19941	23791	28707	34012	40998

城市轨道交通骨干地位日益凸显。截至 2019 年底，全国轨道交通累计完成客运量 238.78 亿人次，占城市客运量的 18.7%，比 2015 年新增 98.78 亿人次，同比增长 70.6%，变化趋势如图 3-5 所示。2019 年城市轨道交通全年完成旅客周转量达 1994.9 亿人公里，比 2017 年新增 407.25 亿人公里，同比增长 25.7%。其中，全国共计 13 个城市轨道交通最大载客率大于 100%，其中北京以 156% 位居全国首位。

图 3-5　城市轨道交通客运量

(三)巡游出租汽车

巡游出租汽车(以下简称“出租汽车”)营运车辆数相对稳定，其中新能源车辆数持续增长。截至 2019 年底，我国共拥有出租汽车 139.16 万辆，比 2015 年减少 0.09 万辆；新能源车辆(纯电动车)为 7.72 万辆，比 2015 年增加了 7.03 万辆，同比增长 1018.8%，新能源车辆占比持续上升，增长速度逐年加快，变化趋势如图 3-6 所示。

图 3-6 出租汽车营运车辆规模

出租汽车年运营里程呈下降趋势，客运量持续减少，降幅放缓。截至 2019 年底，我国出租汽车共完成客运量 347.89 亿人次，比 2015 年减少 48.85 亿人次，同比减少 12.3%，年均减少 3.1%；出租汽车运营总里程 1476.66 亿 km，其中载客里程 976.23 亿 km，里程利用率 66.1%，次均载客人数 1.89 人次，2015—2019 年出租汽车运营总里程年均减少 2%，变化趋势如图 3-7 所示。

图 3-7 出租汽车客运量与运营里程

二、城市交通新业态

网约车、共享单车、汽车分时租赁、定制公交等交通新业态迅猛发展，为满足人们个性化需求发挥了积极作用。截至 2019 年底，我国共享单车、网约车日均订单分别超过 4000 万单和 2000 万单，各类共享出行累计超过 284 亿人次，网约出租、共享单车、分时租赁等共享出行方式已经成为轨道交通、地面公交和出租汽车等城市出行方式的重要补充，共同构成了多层次城市出行体系，发展态势如图 3-8 所示。

图 3-8 城市交通新业态发展情况

(一)网约车

网约车用户和市场规模持续扩大。截至 2018 年 12 月，我国网约车用户规模已达 3.30 亿人，较 2015 年的 1.8 亿人提升了 83.3%，网约专车和快车用户规模达 3.33 亿人，同比增长 40.9%，用户普及率也由 2015 年的 26.3% 提升至 40.2%，见表 3-2。国家信息中心分享经济研究中心的数据显示，2018 年，我国网约车市场交易规模大约 2412 亿元，网约车人均消费支出约为 296.5 元，占人均出行消费支出的 10.1%，网约车领域融资金额约为 68.3 亿元。

网约车服务普及情况 表 3-2

项目	用户规模			用户普及率	
	2015 年	2018 年	年均增速	2015 年	2018 年
网约车	18094 万人	33282 万人	22.5%	26.3%	40.2%

网约车对传统出行服务业转型发展的作用日益凸显。2018 年我国网约车完成客运量约为 200 亿人次，占出租汽车客运总量的 36.3%，相较于 2015 年的 9.5% 有明显提升，网约车客运量占比与传统巡游车客运量占比差距逐年缩小，见表 3-3。得益于信息网络技术的创新应用，网约车充分调度、盘活大量闲置社会车辆资源，丰富出行服务市场供给，实现供需双方精准匹配，节省了驾驶员和

乘客的等待时间,有效提升了出行效率。根据国家信息中心测算,2015—2018年网约车对城市客运行业的拉动作用约为1.6%。

网约车客运量 表3-3

年份	网约车订单量(亿单)	网约车客运量(亿人次)	出租汽车客运总量(亿人次)	网约车客运量占比(%)
2018	100.0	200.0	550.7	36.3
2017	78.5	157.0	522.4	30.1
2016	37.6	75.2	452.6	16.6
2015	20.9	41.8	438.5	9.5

(二)共享单车

2014年,我国首家共享单车企业ofo创立于北京,2015年国内共享单车初步发展,2016—2017年,在资本助推下,以ofo、摩拜单车等为主的共享单车企业得到资本市场的追捧,单车数量出现井喷式增加。截至2016年底,我国的共享单车用户已经达1886万人,且在2017年共享单车用户规模达到4965万人。自2018年起,共享单车行业开始快速降温。从用户数量看,我国共享单车行业在2017年经历了用户增长最迅猛的一年,增长率达到了632.1%,2018年增长率急剧减缓至14.6%。截至2018年底,共享单车用户规模达到2.35亿,市场规模为132.96亿元。2019年,共享单车行业发展增速相对平稳,用户数量增加到3亿人以上。根据交通运输部相关统计,2019年8月底,我国共享单车共有1950万辆,覆盖全国360个城市,注册用户数超过3亿人,日均订单数达到4700万单。

继共享单车后,共享运营时代也促进了另外一种交通工具的流行,那就是共享电动车,又称共享电动助力车,面向3~10km出行市场。共享电动车的起步并不比摩拜和ofo晚,只是太多的服务运营商选择校园或者是景区作为运营范围,不受人们的关注。目前,国内已经出现了包括猎吧、租八戒、小鹿单车、电斑马、ebike、八点到、7号电单车、萌小明等一系列从事共享电动车租赁的公司,并且还有一些传统电动车制造商也在考虑以电动车切入到共享出行领域。

(三)汽车租赁

汽车租赁车辆以小微型客车(9座及以下客车)为主,租赁车辆总数基本稳定,涨幅减缓。截至2019年底,我国纳入统计的汽车租赁车辆22.88万辆,比2015年增加7.68万辆,同比增长150.5%,其中5座及以下客车19.85万辆,6~9座客车2.60万辆,10座及以上0.42万辆。2015—2019年,我国汽车租赁车辆数总体呈现持续增长趋势,由15.2万辆增长至22.88万辆,年均增长10.8%,变化趋势如图3-9所示。此外,全国纳入统计的汽车租赁企业共6987户,比2015年增长1524户,同比增长127.9%。

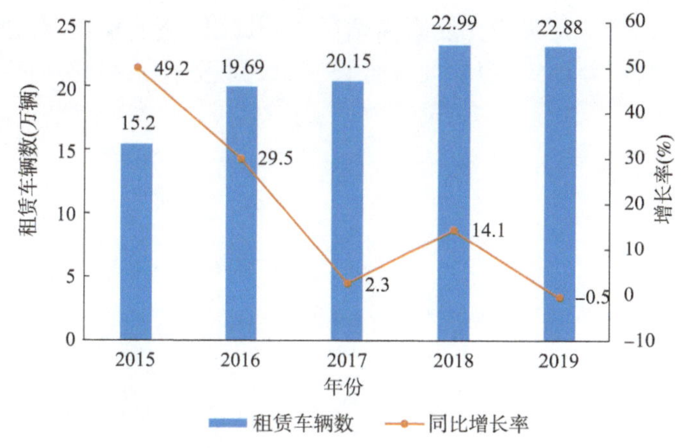

图3-9 汽车租赁车辆规模

2014年以来,汽车分时租赁市场持续快速增长。分时租赁最早源于欧美,在2011年左右被引入国内市场,并伴随着我国新能源汽车产业的发展而实现了快速增长,一时之间国内涌现出大量的区域性平台公司,如摩范出行、环球车享EVCARD、首汽GoFun、盼达用车、联动云租车、立刻出行、大道用车等,企业数量和投放车辆规模均超过欧美等国家。截至2018年底,分时租赁车辆规模超过20万辆,其中大部分车辆为新能源汽车。EVCARD累计投放量达到5万辆,GoFun出行和华夏出行旗下分时租赁品牌摩范出行总体投入车辆均达4万辆,为行业内经营规模最大的三家企业。根据相关调研,2018年全国分时租赁汽车实际运营企业超过900家。2012—2018年分时租赁车辆及企业规模如图3-10所示。

(四)定制公交

目前,北京、上海、广州、深圳、青岛、郑州、沈阳、天津、成都 、济南、哈尔滨、福州等多个城市已陆续开通了定制公交服务。2002年,青岛真情巴士开通了海尔工业园厂区公交专线，为国内首创定制公交服务。2013 年 9 月 2 日，北京定制公交平台正式上线，乘客可通过“定制公交”APP 或“北京定制公交官方版”微信小程序在线预约。2014 年 4 月，福州爱巴士网络有限公司推出 5i84 定制公交商务平台，平台采取“线上征集、线下体验”的运营模式，已与福州康驰新巴士有限责任公司、广州快搭商旅客运有限公司等结成战略联盟，推出 5i84 定制巴士平台，业务范围已覆盖福州、广州。2015 年，广州如约巴士首推 9 条政府定制公交，截至 2018 年已开通 840 条线路，约 30 万个班次，服务 480 万人次。2018 年 9 月 22 日，北京公交集团在北京南站试点开通以“线上预约、合乘出行”为特色的网上定制公交新模式，以多元复合公交出行服务体系强化地面公交运输服务保障能力。

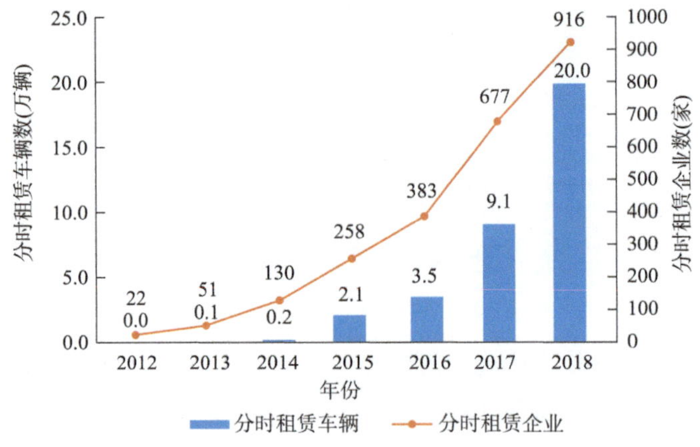

图 3-10　分时租赁车辆及企业规模

第二节　发展环境

一、政策环境

近年来，面对人民群众日益增长的多样化交通出行需求、社会资源和环境保护的双重压力，我国颁布了一系列政策文件，期望通过多模式一体化的运输服务来提升城市出行服务水平，切实保障城市出行健康发展，如图 3-11 所示。

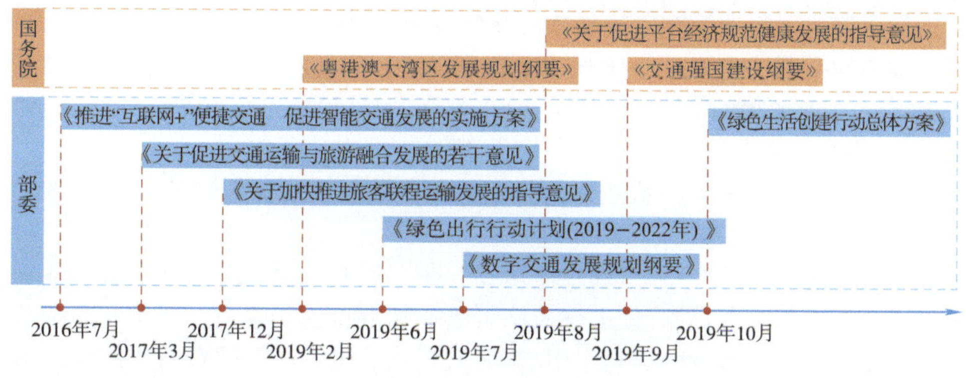

图 3-11 MaaS 相关政策发展阶段

(一)国家层面

(1)中共中央、国务院印发《交通强国建设纲要》。

《交通强国建设纲要》提出,要坚持以人民为中心的发展思想,适度超前,推动交通发展由追求速度规模向更加注重质量效益转变,推动各种交通方式由相对独立发展向更加注重一体化融合发展转变,由依靠传统要素驱动向更加注重创新驱动转变,加速城市交通新业态、新模式发展,大力发展共享交通,打造基于移动智能终端技术的服务系统,实现出行即服务(MaaS)。

(2)国务院办公厅印发《关于促进平台经济规范健康发展的指导意见》。

《关于促进平台经济规范健康发展的指导意见》提出,要鼓励发展平台经济新业态,加快培育新的增长点;优化平台经济发展环境,夯实新业态成长基础,完善新业态信用体系。在网约车、共享单车、汽车分时租赁等领域,建立健全身份认证、双向评价、信用管理等机制,规范平台经济参与者行为。

(3)中共中央、国务院印发《粤港澳大湾区发展规划纲要》。

《粤港澳大湾区发展规划纲要》提出,要加快基础设施互联互通、构建现代化的综合交通运输体系的任务,推进城市轨道交通等各种运输方式的有效对接,构建安全便捷换乘换装体系,按照零距离换乘、无缝化衔接目标,完善重大交通设施布局,推进大湾区城际客运公交化运营,推广"一票式"联程和"一卡通"服务。

(4)交通运输部印发《数字交通发展规划纲要》。

《数字交通发展规划纲要》指出,鼓励平台型企业深化多源数据融合,整合线上和线下资源,鼓励各类交通运输客票系统充分开放接入,打造数字化出行助手,为旅客提供"门到门"的全程出行定制服务。倡导"出行即服务(MaaS)"理念,以数据衔接出行需求与服务资源,使出行成为一种按需获取的即时服务,让出行更简单。打造旅客出行与公务商务、购物消费、休闲娱乐相互渗透的“智能移动空间”,带来全新出行体验。推动“互联网+”便捷交通发展,鼓励和规范发展定制公交、智能停车、智能公交、汽车维修、网络预约出租汽车、互联网租赁自行车、小微型客车分时租赁等城市出行服务新业态。

(5)交通运输部印发《推进综合交通运输大数据发展行动纲要(2020—2025年)》。

该文件提出,鼓励各类市场主体培育“出行即服务(MaaS)”新模式,以数据衔接出行需求与服务资源,促进交通旅游服务大数据创新应用。利用大数据分析评价道路客运、公共汽电车、出租汽车、汽车分时租赁等领域新老业态发展特征,推动新老业态动能转化和融合发展。

(6)交通运输部等十二部门和单位印发《绿色出行行动计划(2019—2022年)》。

《绿色出行行动计划(2019—2022年)》强调要推进实施旅客联程联运,加强城市公共交通与民航、铁路客运等运营时间的匹配衔接,改善旅客联程联运票价优惠政策和多人套票优惠政策,引导公众和家庭出行选择集约化运输方式。

(7)交通运输部等七部门联合印发《关于加快推进旅客联程运输发展的指导意见》。

《关于加快推进旅客联程运输发展的指导意见》提出推进联运票务一体化,规范并有序推进各类第三方出行服务平台整合不同运输方式信息资源,为旅客提供客票信息查询、跨方式出行规划、联程客票代购等“一站式”出行服务。

(8)交通运输部等六部门联合印发《关于促进交通运输与旅游融合发展的若干意见》。

《关于促进交通运输与旅游融合发展的若干意见》明确提出推进建设集“吃住行游购娱”于一体的“慢游”交通网络,提高联网、联程、异地和往返票务服务水平,推进空铁联运服务。

(9)国家发展和改革委员会印发《绿色生活创建行动总体方案》。

《绿色生活创建行动总体方案》提出,开展绿色出行创建行动,推动交通基础设施绿色化,推广节能和新能源车辆在城市公交、出租汽车、分时租赁等领域形成规模化应用,完善相关政策,推广电子站牌、一卡通、移动支付等,改善公众出行体验,鼓励公众降低私家车使用强度,规范交通新业态融合发展。

(10)国家发展和改革委员会、交通运输部印发《推进“互联网+”便捷交通 促进智能交通发展的实施方案》。

《推进“互联网+”便捷交通 促进智能交通发展的实施方案》提出,推进旅客联程联运和货物多式联运,推进各运输方式间智能协同调度,实现信息对接、运力匹配、时刻衔接,推动旅客客票向"一票制"、货物运单向"一单制"发展,依托移动互联网促进客运、物流信息整合,鼓励发展客货无车承运,实现一体衔接。

(二)地方层面

在地方层面,各区域、省区市出台的多模式一体化发展相关政策文件相对较少,粤港澳大湾区作为典型示范区域,明确提出推广"一票式"联程和"一卡通"服务。广东省根据中共中央、国务院印发的《粤港澳大湾区发展规划纲要》,先后印发了《关于贯彻落实〈粤港澳大湾区发展规划纲要〉的实施意见》《广东省推进粤港澳大湾区建设三年行动计划(2018—2020 年)》等政策文件,提出打造大湾区 1 小时交通圈,推进大湾区城际客运公交化运营,推广"一票式"联程和"一卡通"服务,鼓励第三方服务平台发展"一票式"联程客运服务,构建一体高效、无缝衔接的综合客运网络。

另外,北京、上海、深圳等城市在推动城市交通新业态发展方面给予大力支持。北京市印发《北京市汽车租赁行业反恐怖防范工作规范(试行)》提高了北京市汽车租赁行业反恐怖防范能力和水平,建立了反恐怖防范长效管理机制。上海市印发的《上海市鼓励和规范互联网租赁自行车发展的指导意见(试行)》提出以交通供给侧结构性改革为引领,以优先满足短距离出行和对接公共交通需求为导向,鼓励支持互联网租赁自行车发展。《上海市查处车辆非法营运若干规定》的出台,加强了政府对出租汽车和网约车的日常监管和对非法经营的打击力度,促进了网约车合规化进程,推动了出租汽车行业规范有序发展。深圳市全面系统修订了《深圳市网络预约出租汽车经营服务管理暂行办法》,实现对网约车行业管理政策的进一步优化,行业发展需求的适应性进一步加强。

二、技术条件

《推进"互联网 +"便捷交通 促进智能交通发展的实施方案》《数字交通发展规划纲要》等国家政策文件的相继出台,极大地推动了物联网、云计算、大数据、移动互联网等现代高新信息技术的快速发展,提升了交通运输服务领域的数字化能力,促进了移动互联网技术、移动支付技术、电子客票技术、生物识别身份认证技术和精准时空信息服务技术等在交通领域的广泛应用,为 MaaS 的发展提供了良好的技术条件支撑。

(一)移动互联网技术

随着移动互联网技术的快速发展与移动智能终端的普及,我国手机网民规模快速扩张。截至 2019 年 6 月底,我国手机网民规模达 8.47 亿人,2019 年新增手机网民 2984 万人,较 2018 年末增加 3.65%,手机网民比例由 2018 年底的 98.6%提升至 99.1%,变化趋势如图 3-12 所示。我国手机网民规模的持续快速增长,促进了城市多源出行数据资源的交换共享,满足了出行者在任何时间地点获取精准交通出行信息服务的需要,为乘客出行便捷性的提升作出了重大贡献,为 MaaS 的发展提供了重要支撑。

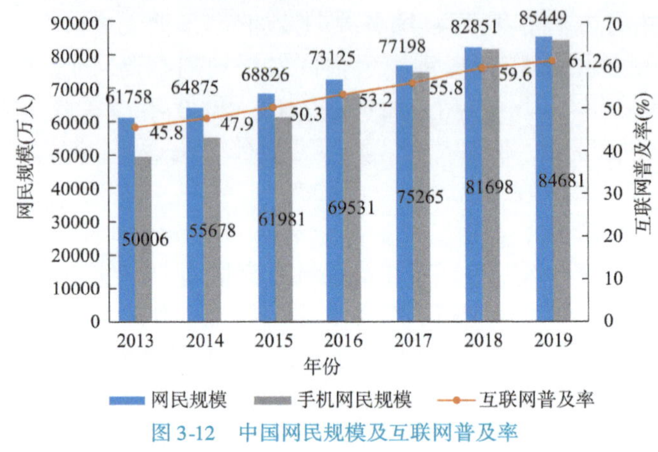

图 3-12　中国网民规模及互联网普及率

(二)移动支付技术

随着移动支付技术的不断发展,支付宝、微信等支付平台的不断普及,越来越多的用户开始使用手机进行移动支付。截至 2019 年第二季度,我国移动支付交易规模仍保持相对高速的增长,2019 年上半年达 166.1 万亿元,变化趋势如图 3-13 所示。同时,移动支付用户规模呈现逐年增长趋势,2019 年我国移动支付用户超过 7.33 亿人,2020 年有望增至 7.90 亿人。随着移动支付技术在城市交通领域中的应用,乘客普遍采用移动支付方式支付乘车费用。截至 2019 年底,全国已有北京、上海、天津、广州、武汉、郑州等 100 多个城市开通了公共交通移动支付方式。

(三)电子客票技术

目前,我国电子客票技术已经在城际客运领域得到广泛应用。在民航客运领域,2000 年 3 月,南方航空率先推出国内第一张本票电子客票。2004 年 9 月,海南航空公司开始使用我国第一张 BSP 电子客票。2006 年 6 月,电子客票行程单作为全国统一报销凭证正式启用。2006 年 10 月,国航停止发售纸质票,全面推进电子客票。在铁路客运领域,2018 年 11 月铁路电子客票在海南环岛高铁开始试点,2019 年 7 月扩大至上海至南京、成都至重庆、广州至珠海(湛江西)、昆明至大理至丽江 4 条高速铁路城际铁路试点。2019 年底,电子客票技术在全国高速铁路和城际线路大面积推进实施,并于 2020 年 4 月 29 日实现了内地高速铁路和城际铁路电子客票全覆盖。截至 2020 年 5 月底,全国铁路已累计发售电子客票超过 8.72 亿张。在道路客运领域,2019 年,天津、河北、山东三省市率先开展道路客运电子客票试点工作,三省市 76% 的二级及以上 218 个客运站完成电子客票试点联调,实现电子客票的售票、检票、退票,统一电子凭证与纸质凭证,试点期间累计生成电子客票 254 万张。

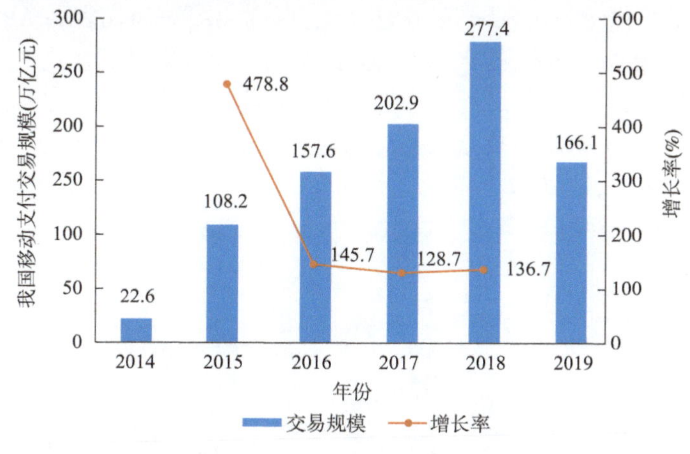

图 3-13 我国移动支付交易规模

(四)生物识别身份认证技术

随着移动互联网、大数据、人工智能等技术的发展,生物识别身份认证技术在交通领域的应用愈加广泛,尤其是人脸识别技术已经在移动支付、交通安检等场景中得到了广泛应用。

在城市公共交通移动支付过程中,相较于二维码支付需要"解锁手机—打开 APP—扫码支付—输入密码"等一系列流程,生物识别技术更加便捷高效。2018 年 8 月,浙江金华成为全国首个"互联网 + 公交"刷脸支付试点,乘客上车后无须操作,仅需 1s 就能完成乘客面部信息识别与支付。同月,深圳地铁与腾讯、广电运通共同发布了"生物识别 + 信用支付"的地铁售检票系统解决方案。

在城际交通安检应用中,民航客运领域已全部实现人脸识别安检和部分实现人脸识别通行,铁路客运也大部分普及人脸识别技术,尤其是全国高速铁路站已全面普及人脸识别闸机,极大地提升了站点检票验票能力。在城市公共交通领域,2018 年 7 月,广州地铁珠江新城站和万胜围站等首次设置了人脸安检门,成为全国首例公共交通人脸识别技术智能安检项目试点。

(五)精准时空信息服务技术

在卫星导航定位技术领域,我国的北斗卫星导航系统(BDS)成为继 GPS、GLONASS 之后的第三个成熟的卫星导航系统,可在全球范围内全天候、全天时地为各类用户提供高精度、高可靠的实时导航、快速定位、精确授时、位置报告、短报文通信等五大服务。

在地图信息服务技术领域,以高德地图、百度地图等为代表的 APP 已经实现了实时地图数据信息服务、基于 GPS、基站、Wi-Fi 等多途径的室内外一体化精准定位服务、多方式个性化的出行路径规划和结合实时路况信息的实时精准路径导航服务、基于 POI 的兴趣点搜索服务等功能。截至 2018 年底,我国手机地图用户规模达到 7.2 亿人,较 2017 年同比增长 5.9%,变化趋势如图 3-14 所示。

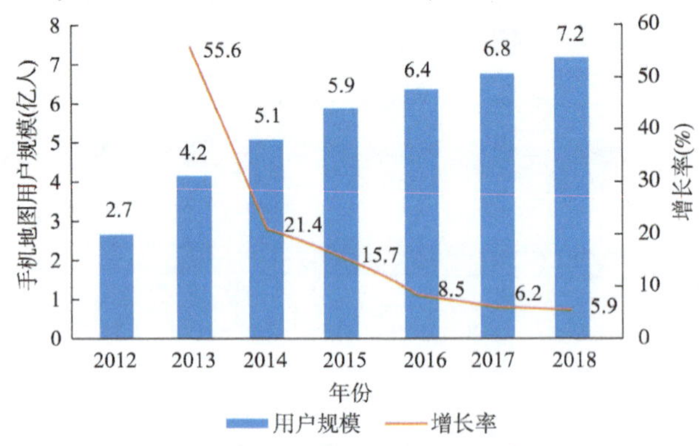

图 3-14 我国手机地图用户规模

第三节 初步实践

在 MaaS 产品研发和实践应用方面,目前国内尚未出现一款真正实现了 MaaS 功能的 APP,也没有出现成熟的软件产品。相对而言,基于某一主体交通方式的预订系统,集成其他交通方式的预订端口是较为常见的应用模式。通过对国内现有 MaaS 的应用实践进行分析和总结,可以将其划分为单一交通模式全国性电子客票服务、典型城市多交通方式融合的信息服务以及单一主体跨区域多交通方式信息服务三种类型。

一、单一交通模式全国性电子客票服务

(一)全国交通一卡通互联互通

交通一卡通侧重面向公共交通的支付服务,交通一卡通卡是一张集成电路卡,卡内带有芯片,具有电子钱包及其他功能,可储存多次付款记录,亦可反复充值使用。使用交通一卡通可以节省乘坐运输工具时购票、验票和付费的时间,减少携带现金和找赎的麻烦,还可以享受到一些打折优惠政策。交通运输部于2013年3月正式启动全国交通一卡通互联互通工作,制定了《公共交通IC卡技术规范(试行)》,采用电子钱包、电子现金双应用单余额的技术路线,建立了全国清结算验证平台,组织有关城市开展系统、机具和卡片的实地测试,充分兼容行业主要应用标准。截至2019年12月,275个地级以上城市实现交通一卡通互联互通。

(二)铁路12306电子客票服务平台

“铁路12306”是中国铁路客户服务中心推出的官方手机购票应用软件,于2013年12月8日正式上线试运行。“铁路12306”侧重提供客货运输信息查询服务,公众可以根据系统提示,通过输入字符或语音的方式进行余票、列车时刻、预售期、代售点以及物流服务、货运营业场所等查询。“铁路12306”与火车票务官方网站共享用户、订单和票额等信息,并使用统一的购票业务规则,软件具有车票预订、在线支付、改签、退票、订单查询等功能。除提供购票及票务查询功能外,“铁路12306”还设有“铁路资讯”“自助服务”“平台联盟”三项菜单功能。“铁路资讯”发布及时权威的新闻及客货运输通知公告;“自助服务”提供社会公众最常用的客运自助查询服务;“平台联盟”则打通了铁路总公司其他新媒体服务渠道入口,一键直达“中国铁路”人民网、新华网、新浪、腾讯4个官方微博和全国18个铁路局官方新媒体渠道。

(三)全国道路客运电子客票服务平台

电子客票是实现旅客运输全过程电子化的重要标志,电子客票系统从根本上实现了道路客运数据、应用和服务的统一,打破了原有的数据与业务孤岛式管理的格局,实现了乘车凭证和报销凭证的分离,乘客无须到窗口或代售点排

队购票取票,可根据电子客票信息直接进站乘车。2019 年,交通运输部在天津、河北、山东三省市率先开展道路客运电子客票试点工作。目前,三省市 76% 的二级及以上 218 个客运站完成电子客票试点联调,实现电子客票售票、检票、退票,统一了电子凭证与纸质凭证,71 个客运站开通了线下电子客票售票窗口,试点期间累计生成电子客票 254 万张。2020 年 5 月 28 日,交通运输部办公厅印发《关于深化开展道路客运电子客票试点工作的通知》(交办运函〔2020〕815 号),全面推进辖区内道路客运电子客票应用,决定在天津、河北、山东开展道路客运电子客票试点应用工作的基础上,增加北京、江苏、江西、河南、广东、海南、贵州、宁夏等 8 个省区市开展试点应用,计划于 2020 年 11 月底前在所有二级以上客运站试点部署。

二、典型城市多交通方式融合的信息服务

(一)北京市

2019 年 11 月,北京市交通委员会发布《北京市交通出行数据开放管理办法(试行)》,通过向社会开放共享四大类、十四小类交通出行数据,确保交通数据社会效用最大化应用;在此基础上,北京市交通委员会与阿里巴巴旗下高德地图签订战略合作框架协议,共同启动北京交通绿色出行一体化服务平台(北京 MaaS 平台)。双方采用政企合作模式,共享融合交通大数据,依托最新升级的高德地图 APP,打造北京 MaaS 平台,为市民提供整合多种交通方式的一体化、全流程的智慧出行服务。高德地图也从驾车导航工具升级为综合出行服务平台,积极倡导和推动市民绿色出行。

北京 MaaS 平台整合了公交、地铁、市郊铁路、步行、骑行、网约车、航空、铁路、长途客车、自驾等全品类的交通出行服务。另外,平台还通过北京交通行业大数据平台接入了众多权威的交通动态数据,市民还可以通过北京 MaaS 平台全面了解出行信息、道路拥堵状况等。2020 年 9 月,北京市交通委员会、北京市生态环境局联合高德地图等平台共同启动"MaaS 出行绿动全城"行动,基于北京交通绿色出行一体化服务平台(MaaS 平台)推出绿色出行碳普惠激励措施(图 3-15)。在北京市域范围内,市民通过高德地图等平台使用骑行导航、步行导航或用公交、地铁方式出行,均可获得相应的碳能量。市民个人账户中的碳能量既可用于公益性活动,也可在高德地图等平台内兑换公共交通优惠券、购物代金券、视频会员等多样化礼品。

图 3-15 北京市绿色出行碳普惠激励服务

(二)广州市

2019 年,广州市启动了“广州市一站式出行服务体系应用试点工程”,主要依托羊城通用户交互平台,以公交乘车码、电子车票为连接器,实现人与公共交通出行网络、生活消费网络的连接,推动乘客用户化和组群化、运输票证化和交易化、出行商圈化和场景化、里程积分化和行为信用化、出行定制化和个性化,面向用户提供“订单式”出行交付和一站式出行 + 生活,构建一站式支付 + 出行 + 生活新生态,培育交通运输新模式、新业态,实现传统运输转型升级。广州市城市交通一站式出行服务平台体系框架如图 3-16 所示。

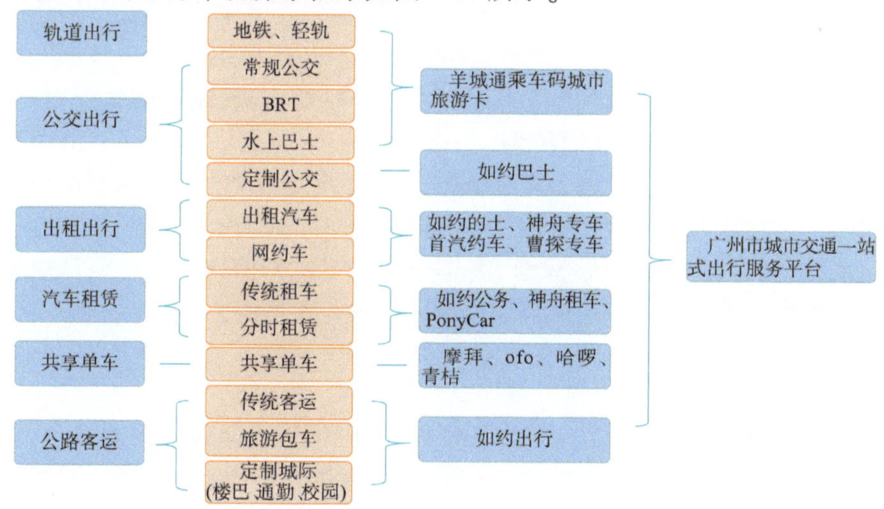

图 3-16 广州市城市交通一站式出行服务平台体系框架

(三)深圳市

2019 年,深圳市属国企深圳巴士集团联合深圳交通中心推出深圳湾生态科技园 MaaS 试点示范,针对不同时间段差异化的服务需求,提供定制公交服务、轨道与公交接驳服务、夜间家园班车服务和片区短途按需响应服务,进一步整合信息服务和支付方式,为深圳湾生态科技园打造出行即服务解决方案,具体应用 APP 如图 3-17 所示。

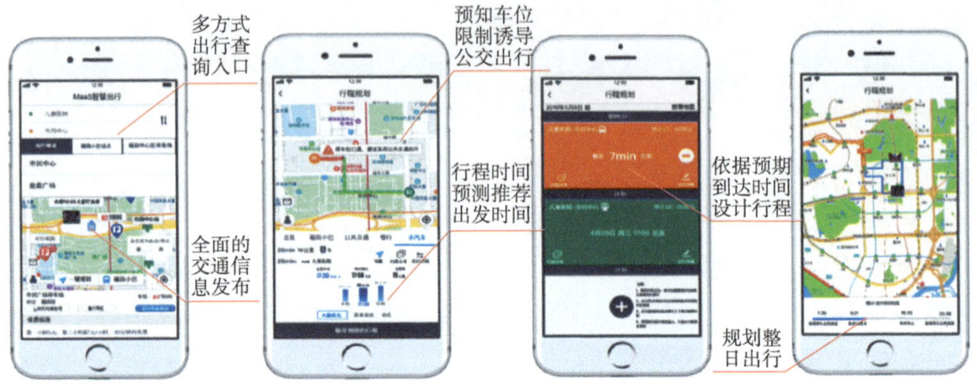

图 3-17　深圳市 MaaS 示范应用 APP 效果图

三、单一主体跨区域多交通方式信息服务

(一)高德地图

高德地图提供了丰富的出行查询和在线导航功能,如地名信息查询、分类信息查询、公交换乘、驾车路线规划、公交线路查询、位置收藏夹等丰富的基础地理信息查询工具,覆盖全国 364 个城市、全国道路里程 352 万 km。在交通方式的整合方面,除提供自驾导航外,高德地图还提供出租汽车、网约车、顺风车、公交、地铁、骑行、步行、飞机、火车、客车等交通方式的信息查询与路径规划服务,其中出租汽车、网约车、顺风车还整合了订单与支付服务。

(二)城轨易行

城轨易行是国内首个面向城市轨道交通的 MaaS 智慧乘客服务平台,承担城市轨道交通等出行领域的票务系统数字化、智能化升级技术支撑;同时满足乘客多样化和个性化出行需求、搭建都市圈轻生活服务平台,也是营造全新系感知的生态环境的运营基座。经过三年的开发和应用，该 MaaS 系统已经为 17 个轨道交通业主，20 多个公交业主提供了服务，平台总用户已超过 3000 万人。该 MaaS 平台已在无锡、南昌、昆明、常州等多个城市开展落地应用。如无锡码上行 APP，无锡市民可通过码上行 APP，不仅可以扫码坐地铁、公交，还可以借用公共自行车，查询高速铁路、航空信息，租用共享汽车。随着城轨易行平台互联互通城市的不断接入，码上行 APP 可以在更多的城市扫码坐地铁，并且所有的出行费用均可在码上行 APP 上在线支付。经过近两年的运营探索，无锡地铁码上行 APP 已逐渐由地铁官方门户向城市 MaaS 综合出行服务门户演进。

（三）携程/去哪儿

携程创立于 1999 年，总部设在上海，主要为旅行者提供酒店预订、高速铁路车票代购、租车、票价比价等服务。去哪儿创立于 2005 年 2 月，总部在北京，为旅游者提供国内外机票、酒店、会场、度假和签证服务的深度搜索，帮助旅游者作出更好的旅行选择。2015 年 10 月 26 日，携程与去哪儿合并。凭借搜索技术，携程/去哪儿对互联网上的机票、酒店、会场、度假和签证等信息进行整合，为用户提供及时的旅游产品价格查询和信息比较服务。

第四节 结 论

中国拥有全球最大的出行市场，截至 2019 年底，我国城市公共出行客运量已经超过 1278 亿人次。随着乘客多元化交通出行需求的转变，各种创新服务理念、服务模式不断涌现，共享出行市场快速扩张，各类共享出行年均累计服务达近 300 亿人次。MaaS 作为一种面向门到门间不同交通模式高度整合的出行服务新理念，在我国具有广泛的市场前景。

随着交通运输领域数字化建设的不断增强，为我国 MaaS 的研究和发展提供了良好的政策环境与技术条件。《国务院关于积极推进“互联网＋”行动的指导意见》《推进“互联网＋”便捷交通 促进智能交通发展的实施方案》《数字交通发展规划纲要》《交通强国建设纲要》等重大政策的发布，加速了城市交通新业态、新模式的发展与“一票式”联程和“一卡通”服务的推广。同时，移动互联网、移动支付、电子客票、生物识别认证、精准时空信息服务等现代高新技术与交通运输的深度融合，为 MaaS 的实践与应用提供了良好的技术条件。

但是，由于我国 MaaS 的发展和实践在政策法规、体制机制、信用体系、标准规范、安全保障、出行效率等方面还存在诸多不足,尚未实现涵盖各种出行方式与融合出行预订、路径规划、信息查询、出行支付、服务评价等系列功能的 MaaS 一体化出行服务平台。因此,为了提升多模式一站式出行效率与服务体验,深化落实交通强国发展战略的要求,迫切需要在加强 MaaS 服务的需求响应速度与供需匹配精度,整合形成涵盖多模式的电子票务与移动支付平台,研究制定满足我国实际需求的体制机制与技术规范体系,完善出行服务数据共享与信息安全保障等方面进一步深化和提升。

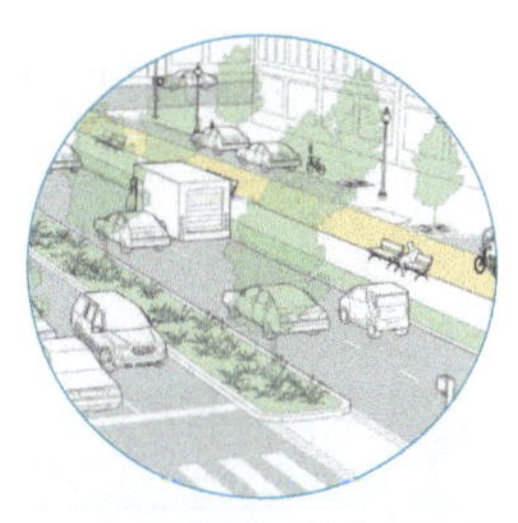

第四章 MaaS体系框架构建

第一节 MaaS 出行生态体系

MaaS 生态体系是 MaaS 利益相关者为了实现价值而形成的广泛组织网络。在生态体系中，MaaS 利益相关者在对外服务平台的交互过程中，需共同遵守提供门到门无缝出行服务原则。为构建一个整合多种运输模式的一体化出行服务体系，并推动出行与消费、旅游等其他领域间的深度融合，迫切需要构建涵盖各利益相关方的 MaaS 生态体系，并在体系中明确各利益相关方的主要职责。MaaS 概念产生后，全球越来越多的国家和地区先后已经或正在开展 MaaS 体系框架的研究。基于国际上 MaaS 联盟工作组、MaaSLab、Transport Systems Catapult 等机构关于 MaaS 生态体系涉及的利益相关者方面的研究分析，核心利益相关者主要包括 MaaS 服务运营商、运输服务提供商、数据提供商、用户，而其他利益相关者主要涉及配套设施服务提供商（如加油、充电、停车、维修等服务）、ICT 服务提供商、后端技术提供商、政府、保险公司等。但是，由于我国公共客运服务体系不同运输模式间在管理体制、机制、运营模式、票制票价、补贴、数据开放等方面与西方发达国家间存在较大的差异，发达国家已经存在的体系框架并不能完全适应我国 MaaS 服务体系的发展。

为促进我国建立可持续的 MaaS 生态系统，基于我国城市交通特点和我国国情，需要系统梳理与 MaaS 服务平台发生直接或间接业务协作的利益相关者。我国 MaaS 生态体系的利益相关者主要包括 MaaS 服务运营商、乘客（用户、客户）、运输服务提供商、政府管理部门、出行配套服务提供商、后端技术服务商、ICT 服务提供商、身份认证与支付服务提供商、空间数据服务商、保险服务提供商以及与出行目的广泛关联的消费服务提供商等。同时,根据与 MaaS 出行服务的关联强度,可以分为三个主要层级,分别是核心业务层、业务支撑层、业务拓展层。MaaS 体系框架如图 4-1 所示,图中(1)、(2)、(3)指所属的业务层级。

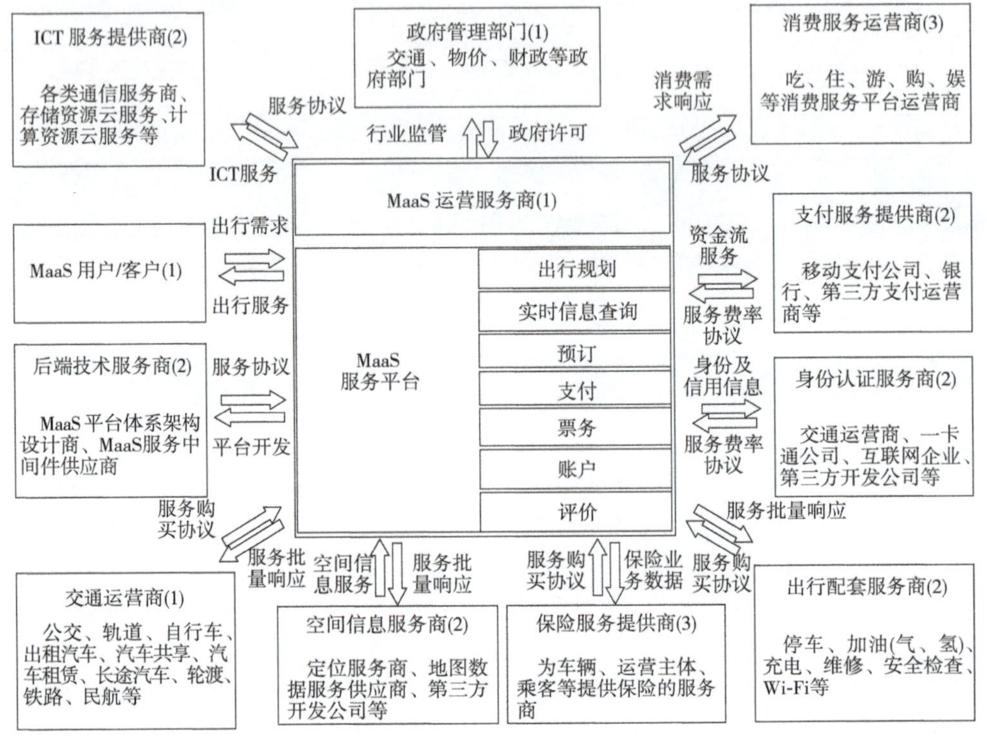

图 4-1　MaaS 生态体系架构

(1)MaaS 服务生态体系的核心业务层主要包括 MaaS 运营服务商、运输服务提供商、乘客(用户/客户)、政府管理部门。这些构成了 MaaS 运营服务与管理的基础与主体。

(2)MaaS 服务生态体系的业务支撑层主要包括 ICT 服务提供商、后端技术方案商、支付服务与身份认证服务提供商、出行配套服务商以及空间信息服务提供商等,这些利益相关者将从信息技术体系支撑 MaaS 出行服务理念的实现。

(3)MaaS 服务生态体系的业务拓展层主要包括与出行相关的其他服务提供商,如保险服务提供商、消费者服务平台运营商等。其中,保险服务提供商可面向 MaaS 服务全流程中的各类车辆、运营服务主体、乘客等提供相应的保险服务;吃、住、娱、购、游等消费服务平台运营商将与 MaaS 服务运营商进行新的商业模式的合作,促进出行与消费的深度融合,实现出行服务体系与餐饮、娱乐、旅游、住宿、购物等消费领域的相互赋能。MaaS 生态体系中各利益相关者的主要职责和定位见表 4-1。

MaaS 利益相关者职责 表 4-1

利益相关者	具体职责
MaaS 服务运营商	设计并提供 MaaS 产品以满足客户需求;具备民事责任和对外运营能力;具备实时信息和出行规划,支付和票务整合能力
政府管理部门	负责制定服务许可、票制票价、财政补贴、信用体系、绿色出行、数据交换、信息安全、隐私保护等相应的法律法规、政策制度及保障措施
运输服务提供商	提供运输工具和客运服务,涵盖不同类型的运输服务提供商如公共汽电车、地铁、轮渡、自行车、出租汽车、汽车租赁、网约车、长途客运、农村客运、民航、铁路等各种运输方式
乘客/用户	通过支付相应的费用购买和享用 MaaS 服务运营商提供的 MaaS 服务
ICT 服务提供商	通过各类信息通信运营商(如移动、联通、电信等)、计算资源与存储资源云服务提供商(如阿里云、腾讯云、百度云等)提供基础的信息技术服务
后端技术服务商	MaaS 平台体系架构设计、接口协议开发以及 MaaS 运营平台技术供应商
身份认证与支付服务提供商	提供身份认证与支付服务,服务主体可涵盖各类交通运营商、IC 卡运营服务商、银行及移动支付服务商、电子发票服务商等
出行配套服务商	提供停车、充电、加油(氢、气)、维修、信息服务、安全检查等增值服务
空间信息服务商	针对不同运输方式提供全方位、全天时、全天候的位置信息与地图导航信息服务,包括位置服务商、地图数据服务商等
保险服务提供商	可面向 MaaS 服务全流程中的各类车辆、各类运营服务主体、乘客等提供人身安全、财产、隐私等相应的保险服务
消费平台运营商	提供吃饭、住宿、旅游、娱乐、购物和出行消费服务,如美团点评、携程、去哪儿、途牛等吃、住、娱、游、购等消费服务运营商

第二节 MaaS 主体业务需求

出行是人类的基本生存需求,交通运输作为实现出行的重要载体和手段,其服务品质与效能直接影响人们的出行体验,是人民群众获得感、幸福感、安全感等美好生活向往的重要组成部分。全球经济与城镇化的快速发展使得社会经济活动日趋频繁,出行需求不断增长,交通载运工具的不断进步拓展了人们的活动空间,但人口数量的不断激增、出行距离不断增加、供给能力与服务需求的不匹配等多重因素使得城市普遍存在行车、乘车、停车、候车等出行难问题,严重影响了城市居民生活品质和社会经济发展。

近年来,互联网、大数据、云计算、区块链等新一代信息技术的发展,催生了数字经济,开启了数字时代。现代高新技术与交通运输的融合发展推动了城市出行服务的重大变革,尤其是平台型共享经济在城市出行领域的渗透与广泛应用,使得城市交通的研究对象、运输服务模式、资源配置方式、数据资源及技术条件、社会各界的认知环境等研究范畴均发生了深刻变化,如研究对象从侧重单一交通方式的运营服务转向侧重多方式融合的一体化协同运营服务,数据条件由以传统交通数据为主扩展到对手机社交等社会类数据的统筹应用,出行服务模式从传统线下计划式向实时在线可预约的一站式智慧出行服务转变,社会认知环境由对资源的所有权向使用权转变等,新出行服务模式与传统出行服务模式相比其服务特征转变见表4-2。

新出行理念下服务特征转变　　表4-2

服务特征	传统出行服务模式	新出行服务模式
注册账户	匿名或单一出行方式注册账户	面向各种出行模式统一的账户
票价体系	一张票对应一种出行服务方式	一张票全链条出行,面向不同服务整合的套餐
身份认证	各种出行方式分开进行身份认证	基于账户的一体化身份认证,后台记录与统一识别
票务清分	预存费用、车辆或站台收费设备上完成支付	前端身份认证,收费全部由后台来完成
出行规划	各种运输方式单独路径规划	整合型出行服务体系下一体化出行服务规划
支付方式	针对各种运输方式通过预存费用方式单一支付	针对全出行链的各种运输方式实现一次支付
信息服务	各种方式提供各自的信息服务	针对全出行链的各种运输方式一体化实时信息服务
服务评价	缺乏账户化管理未能及时对各种方式进行服务评价	账户化管理易于对全出行链的各种方式进行服务评价
历史追溯	各种出行模式分段记录对应的出行轨迹	可实现全出行链条所有出行方式出行轨迹的记录

城市交通是一个复杂的系统工程,需要考虑不同人群、不同出行需求和不同出行方式的偏好,存在不同的交通运输模式,同时还要全面考虑安全、绿色、经济、高效以及公平等多方面的目标,作为数字时代背景下所衍生出的新的出行服务理念,不管技术如何变化,万变不离其宗的是 MaaS 应始终着力于如何按照以人民为中心的思想构建一个更加安全、便捷、高效、经济、绿色、公平的公共出行服务体系,充分依托现代高新信息技术,在及时精准掌握不同群体的出行需求基础上,通过对现有运输服务资源的优化配置,达到供给与需求的精准匹配,进而充分利用移动互联网及时实现多方式融合的一站式精准服务,其核心业务逻辑如图 4-2 所示。

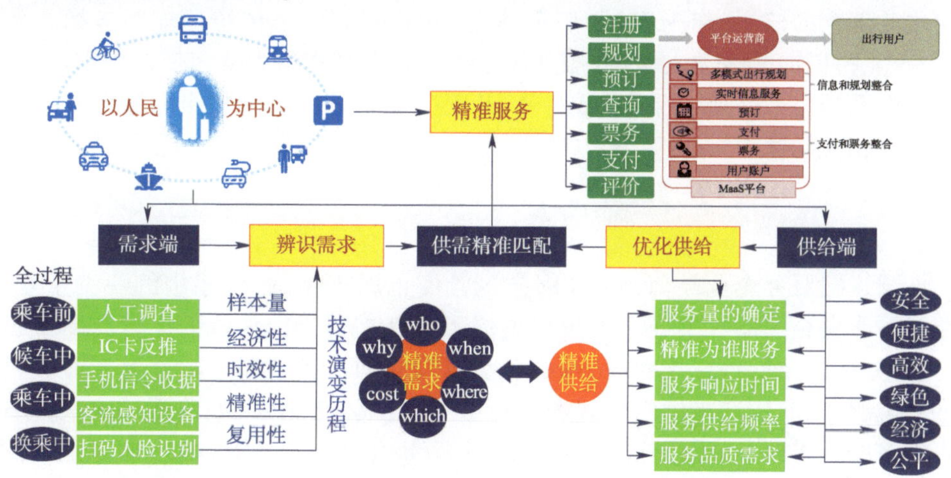

图 4-2　以人为中心的 MaaS 多主体业务逻辑

一、用户(乘客)需求

出行的本质是人们为了某种目的通过一种运输模式或多种运输模式的组合实现空间位置上的移动,由于不同的人们其基本社会属性(如性别、年龄、身体状况、收入情况等)、出行目的(工作、上学、就医、游憩等)、出行偏好(速度、出行时间、可靠性、价格、舒适度等)不同,从而对交通运输服务的类型也存在差异,但不管偏向何种运输方式,人们都期望能享受安全、舒适、快捷、可靠、经济的出行,所以 MaaS 体系中用户的核心需求就是如何享受到可供选择的门到门间高质量的出行服务,其中可选择指的是人们根据自身的需求能在不同的出行服务方案中选择其最感兴趣的方案,门到门指的是出行的全过程、全链条,高质量指的是最大限度满足或接近人们出行期望的一定状态。

二、运输服务提供商需求

运输服务提供商一般是指以营利为目的,运用各种生产要素(如运输车辆、劳动力、资本、技术和企业家才能等),向市场提供商品或服务,实行自主经营、自负盈亏、独立核算的法人或其他社会经济组织。运输服务企业是提供运输服务的主体,其需求如何通过更加高效的管理为社会提供更加安全、舒适、便捷、可靠、经济的服务,尽可能满足更多群体乘客的出行需求,进而在与其他企业的竞争中处于优势地位以获得更多的用户。多种运输服务方式的整合是 MaaS 出行服务理念的核心,作为 MaaS 服务体系中的一部分,与传统运输服务模式相比,企业将更加关注加入 MaaS 服务体系能否增强其竞争力从而带来更多客流,服务体系的公平性如何保障,加入 MaaS 服务体系是否会增加企业运营管理的难度等相关问题。

三、MaaS 服务运营商需求

与运输服务企业类似,MaaS 服务运营商也属于 MaaS 体系中的一类企业,与运输服务企业的区别在于所提供的服务有所差异,MaaS 服务运营商属于出行服务的销售者,理想化的 MaaS 服务运营商将通过整合各运输服务企业提供的各类服务,向用户提供门户式的出行服务的一体化销售,如何更好地整合尽可能多的运输服务资源并建立科学合理的营销体系与模式是 MaaS 服务运营商的关键任务,从而 MaaS 服务运营商更加关注各类运输服务资源的开放程度、运输服务的单位成本、各类运力资源的可协调能力、加盟的运输服务企业的治理水平、政府是否提供宽松的政策法规环境等问题。

四、政府管理部门需求

政府管理部门是国家权力机关的执行机关,是国家政权机构中的行政机关,即一个国家政权体系中依法享有行政权力、制定和实施公共决策的组织体系,代表着社会公共权力。政府管理部门具有整体性,它由执行不同职能的机关,按照一定的原则和程序结成严密的系统,彼此之间各有分工,各司其职,各负其责。政府管理部门是 MaaS 服务体系的规则制定者、服务行为的监管者,其需求主要体现为如何以最少的社会资源的消耗(土地、能源、劳动力、资本等)为尽可能多的城市居民有序提供门到门间高质量(安全、便捷、高效、舒适、经济、低碳、公平)的一站式公共出行服务,为实现该目标,需要政府部门建立科学有序的规则制度及监管体系。

第三节 MaaS 技术体系探索

一、MaaS 技术体系框架

MaaS 服务体系的建立将涉及各类客运交通运输模式、不同的经营主体、不同的运营模式、不同的管理制度、各自的数据资源体系及信息服务体系。为实现 MaaS 服务,需以乘客全链出行为中心,围绕公交、地铁、出租汽车、共享出行等各类运输服务模式,实现数据资源、运营调度、票务清分、聚合支付、信息服务、监督管理等方面的全面整合,构建与之相适应的体制机制、运营模式、组织架构、资金与人才等方面的制度保障体系。

MaaS 技术体系的范畴包括运输服务、数据资源、协同调度、票务清分、聚合支付、信息服务、协同监管、服务保障等内容,各部分逻辑关系如图 4-3 所示。

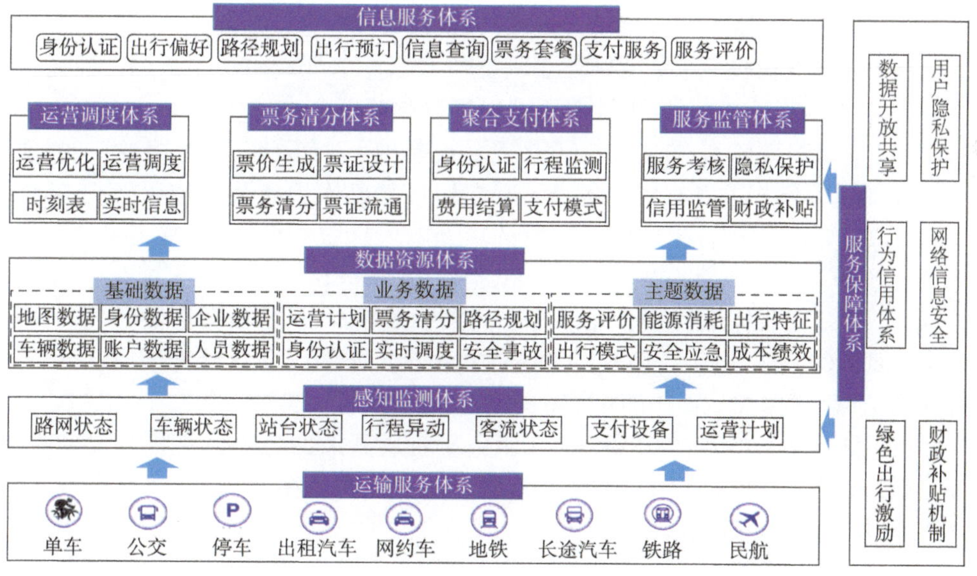

图 4-3 MaaS 技术体系框架图

(1)运输服务体系:直接为乘客提供出行服务的各类运输资源,如公共汽电车、城市轨道交通、出租汽车、水上轮渡、公共自行车、长途道路客运、各类网络客运服务以及铁路和民航等运输服务资源。

(2)感知监测体系:为支撑和保障各类运输服务方式更好地服务于 MaaS 的各类感知监测技术或设备的统称,如票务终端感知、安检设备感知、移动支付终端感知、路网运行状态监测、客流运行状态监测、车辆运行状态、场站运行状态监测、信号及环境监测、运行计划及异动信息等。

(3)数据资源体系:为支撑 MaaS 服务体系所开展的数据资源相关的各类建设工作,主要涉及涵盖各类运输服务资源的运营组织、调度排班、票务清分、聚合支付、用户信息等方面的基础、业务、主题数据资源体系及用于 MaaS 服务的公用信息模型(CIM)和数据交换 API 接口、支撑各业务应用体系的业务驱动型数据聚合分析 API 接口等。

(4)运营调度体系:根据 MaaS 用户需求所构建的面向公交、地铁、出租汽车、共享出行等各类运输服务方式的协同运营调度应用决策支撑体系,实现各运输方式的车辆、人员、线路、场站等各类运力资源的科学合理配置,尤其是传统固定模式与新型灵活需求响应模式的协同柔性调度。

(5)票务清分体系:MaaS 运输服务模式下面向不同类型的出行群体、不同的组合出行方案所构建的票务清分体系,具体包括票制模式、票价(套餐)生成、票证方式以及不同运输模式间的票务清分等相关内容。

(6)聚合支付体系:通过移动互联 APP、IC 卡、RFID、NFC、银行卡、生物识别等各类高新信息技术,实现针对不同出行群体的聚合支付。

(7)信息服务体系:在业务应用体系建设基础上,为乘客、运输服务企业、政府管理部门等各相关者提供的各类云网端信息服务体系建设,具体包括各类移动端 APP 软件开发、各出行服务场所的声光电信息服务设施,以及统一的出行服务热线等。

(8)服务监管体系:面向 MaaS 生态体系中的用户、运输服务提供商、出行服务集成商、ICT 及数据供应商等各类主体实现全链条的服务质量、行为及信用等方面的监管,确保 MaaS 的健康有序发展。

(9)服务保障体系:为支撑 MaaS 服务平台所开展的各类体制机制保障,具体包括组织保障、资金保障、人员保障、数据开放、个人隐私、网络信息安全、信用体系、财政补贴等制度保障。

二、MaaS 运营调度体系

运营调度体系核心目标是充分借助互联网、大数据、云计算等信息技术，充分整合和发挥各运输服务提供商的可利用出行资源，提供高效的出行服务。MaaS 运营调度协调的难点在于实现"无缝衔接"，既要做到时间上的完美连接，也要做到空间上的便捷换乘，即乘客在已有的各种出行方式间以尽量短的步行时间、距离及站台等候时间，安全高效便捷的换乘。这就需要齐全的换乘基础设施、合理的布局与流线设计、低碳的换乘理念、准确无误的运行时间、有序的换乘过程组织、人性化的服务设施配置等方面的一体化协调运作。

结合不同城市特点、居民出行习惯、交通工具运行特征制定如下运输方式组合原则：①以乘客全程出行需求为导向；②以固定/共享运输为主要运输服务；③起点段运输与固定（共享）运输无缝衔接；④终点段运输与固定（共享）运输无缝衔接。当起点段为定点公共运输方式时，乘客后续出行有 6 类运输方式组合的选择，具体如图 4-4 所示。

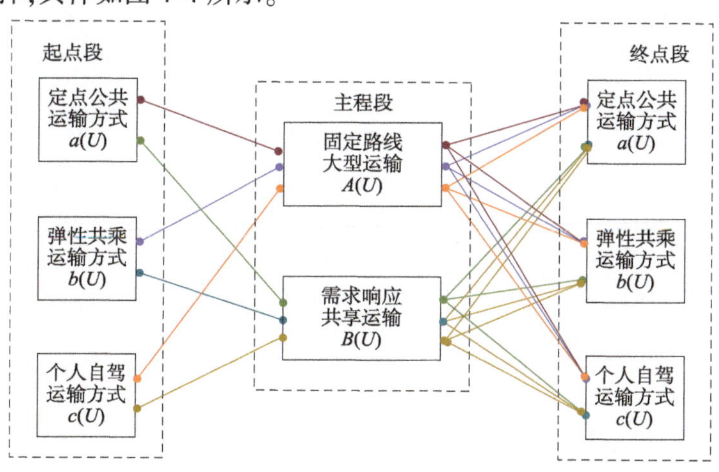

图 4-4 MaaS 运输方式组合模式

在多模式体系中，运输协调需要区别等级。相对来说，城际交通系统较城市交通系统级别高，城市交通系统在运输协调时处于配合地位。城市骨干交通系统处于中间等级，运输计划稳定、规律，执行大客流集中输送。定制系列、预约系列的公交服务以及共享交通服务处于低等级，运力资源的组织需要具有弹性、柔性特征，能够及时响应个性化客流波动需求。不同交通模式间的协同等级划分如图 4-5 所示。

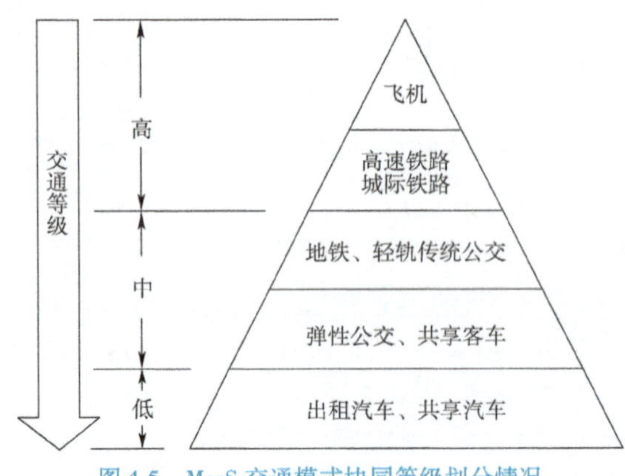

图 4-5　MaaS 交通模式协同等级划分情况

(一)MaaS 跨模式运营安全服务协同

目前,我国部分地区实现了小范围的联程安检互认。例如,2018 年 8 月起,北京南站取消了地铁安检,铁路旅客到达南站地下层后若想换乘地铁,在闸机处刷卡就可直接进站,无须再次安检。市内旅客若是想从车站周边进入地铁站,也只需要在进入北京南站站房时接受铁路安检,进入地铁时无须重复安检。天津站枢纽在 2018 年 12 月高质量完成了"一次性安检"改造工程,统一了地铁和铁路的安检标准,全面实现了铁路及地铁双向安检互认,旅客乘坐地铁至北广场赶火车进站或者乘火车至北广场换乘地铁,不再需要二次安检,极大方便了旅客出行。2019 年春运期间,为快速疏散到达客流,深圳北站与深圳地铁也实施铁路出站与地铁进站互检互认模式,铁路与深圳地铁在深圳北站高速铁路 A2 出口联合开设绿色通道,旅客可免安检直接到达地铁进站口。

除了上述提到的极少数枢纽外,我国大多数地区还未能实现不同交通模式的安检互认,铁路客运系统和城市轨道交通都实行进站人员及携带品安检核查制度,且相互之间存在着检查标准上的差异,这极大地降低了旅客的出行效率。一方面,二次换乘将给换乘乘客带来了极大不便,尤其对于携带大件行李和行动不便的乘客。另一方面,高速铁路等客运方式到达时间集中,导致乘客出站时间也较为集中,乘客集中到达将对城市轨道交通站厅、站台、楼扶梯等处造成客流冲击。安检互认的推进不仅可以让旅客们的出行更加便捷,也可以极大地提高社会的运转效率,减少浪费。

在综合立体交通枢纽处,旅客无须再次安检即可实现换乘,减少因安检带来的排队拥堵现象,有效提升乘客在轨道交通站厅的通行率,避免大量乘客在站厅拥堵,降低站台、闸机、楼扶梯等处客流的不均衡性;也能防止一些换乘的旅客因赶时间而忘记正在安检的物品导致物品遗失和因安检导致未能及时赶上车，只能选择下一趟车出行的现象，让旅客的出行变得更加舒心便捷。

在涉及多方式联合运输的一站式出行服务中推行安检互认制度，可以获得大于现有铁路客运系统和城市轨道交通系统联程安检互认的经济和社会效益。多方式交通的安检互认制度推行需要从两个方面进行规范。

一方面，需要实现运输空间的密闭性，以北京西站为例，旅客从北京西站铁路出站口出来，需要穿越一段公共区域才能到达地铁站进站口，因此在进入地铁之前仍需要进行安检，专用通道的缺乏使得无法保证旅客没有再次携带危险物品。因此需要为免除二次安检的换乘旅客提供专用通道，在现有的场站布置中可能需要更改安检区域来实现运输空间的密闭性。

另一方面，需要实现安检标准的统一。目前各种交通方式禁止和限制携带物品的规定仍然存在一些细微差异，铁路部门根据国务院颁布的相关法律制定了《铁路进站乘车禁止和限制携带品公告》，而地铁暂无全国性的统一标准，以宁波市通用的《关于宁波市轨道交通禁止和限制携带物品的通告》为例。在刀具类别中，铁路部门规定，“管制刀具以外的，可能危及旅客人身安全的菜刀”禁止携带；宁波市地铁部门则规定，“未开封且原厂包装完好的菜刀，美工刀、剪刀以及有包缠措施的水果刀可携带一把”。由此可见，实现安检标准的统一是推行联程安检互认制度的前提。

（二）MaaS 跨模式运营计划协同优化

MaaS 联程出行服务，关键是实现多方式运营计划的有机衔接，其突出特征是应对服务中出行需求和多运营主体服务状态的双重不确定性，充分考虑运营主体运营特征与供需双方的资源约束条件，如车辆数量、车型种类、车辆运载能力、企业服务范围(时间和空间)、续航里程、用户出行时空窗等方面，以多方式客运企业联盟总运营成本最低、时间柔性和需求柔性最大为目标，构建 MaaS 运输计划协同优化模型，实现多方式运营计划协同优化，协同优化框架如图 4-6 所示。

1. 运输计划协同优化目标分析

目标分析是制定 MaaS 运输计划协同优化方案的前提条件，从不同的角度出发，其目标也不一样，如从客运企业运营效益出发，应使客运企业联盟整体运营成本最低；从客运企业运营衔接模式出发，应使各种交通方式运输时间柔性最大；从出行者需求特征出发，应使多方式运输需求柔性最大。具体目标分解如图 4-7 所示。

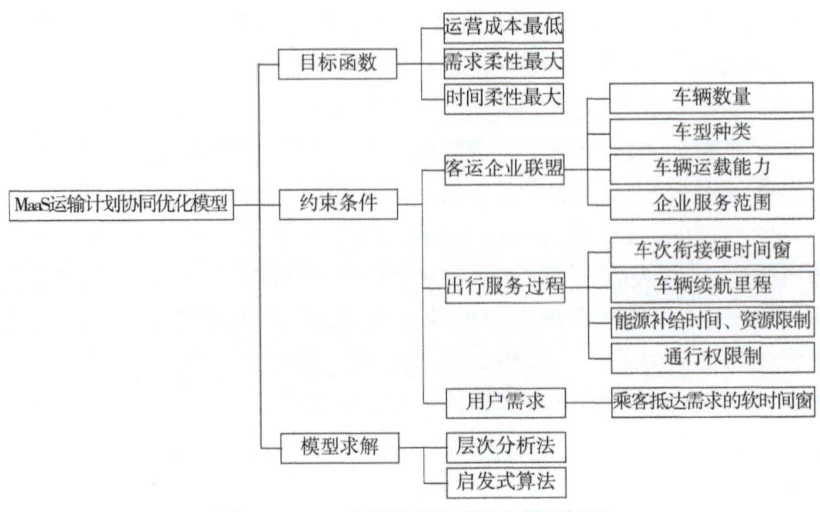

图 4-6　MaaS 运输计划协同优化模型框架

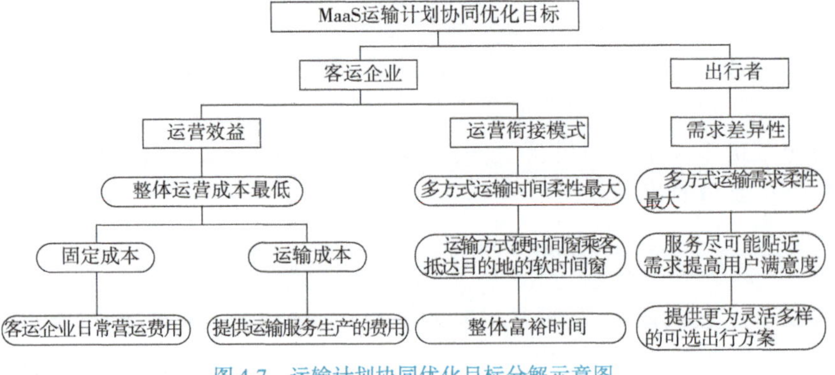

图 4-7　运输计划协同优化目标分解示意图

2. 运输计划协同优化的约束条件分析

目标分析完成后，需从客运企业联盟、出行服务过程以及用户需求三个角度，系统梳理 MaaS 运输计划协同优化必须考虑的约束条件，见表 4-3。

MaaS 协同运输计划编制的约束条件　　表 4-3

约 束 主 体	约 束 条 件
客运企业	车辆数量限制
	车型种类限制
	车辆运载能力限制
	企业服务范围空间限制
	企业服务范围时间限制

续上表

约束主体	约束条件
出行服务过程	车次衔接硬时间窗限制
	车次衔接运能匹配限制
	车辆续航里程限制
	能源补给限制
	通行权限制
用户需求	乘客抵达需求的软时间窗限制

首先,对于客运运输企业,从所拥有的车辆数量、车型种类角度,要求提供出行服务的车辆数不超过企业拥有的固定车辆总数,提供出行服务的车型数不超过企业拥有的固定车型总数。同时,到达每一个服务节点的车辆数量必须等于离开该节点的车辆数,保证服务系统的稳定持久运营;从车辆容量受限的角度,乘客在多段出行的每一段上只能选择一种出行的交通方式,每种交通方式的每条服务线路上所有乘客的运输量之和不超过该车辆的容量;从客运企业服务范围角度出发,不同企业在时间和空间上都有其服务范围,在划分一站式出行服务订单多段出行任务时,需要考虑客运企业的服务范围,不要安排超过其服务范围的出行任务,对于服务范围的严格约束可以有效保证多段式出行任务的正常衔接,为客运企业联盟的高需求柔性提供保障。

其次,对于出行服务过程,多段出行交通方式之间的接续必须完成好。每辆车的服务路线中每个节点有且只有一个后续点,后续点可以为始发点或下一单乘客;对于有续航里程限制的交通方式,还可能为能源补充站。对于公交、地铁、航空具有固定线路的运输方式有其固定的运营时间表,需要满足乘客的硬时间窗要求,上一任务需要在该任务当前班次离开之前到达相应的节点位置,并留有相应的乘客上下车时间,否则只能等待下一班次,影响客运企业的时间柔性。除了时间上的接续外,运能上的接续也在考虑范围内。对于有相同出行需求且出行链部分重合的用户,前后结点的运能需相匹配,如果后续点运能较低,必要时采取缩小车次间隔和增加相同时段提供服务的车辆数的方式,避免公平性问题导致的用户满意度下降,不利于 MaaS 服务品质的保持。

最后,从乘客对抵达目的地的时间要求角度出发,出发时间和期望到达时间存在预期范围和可接受范围(硬时间窗)。由于需求不确定性或交通拥堵、交通管制以及多变的气候条件等各种因素对运输服务时效性产生一定的影响,导致乘客抵达时间不能落在预期时间窗内,但在可接受范围,则乘客的满意度会因此降低,这就构成了软时间窗约束。MaaS 服务链的不同环节,服务可靠性存在差异,如何尽可能实现硬时间窗内的服务、如何在不能满足硬时间窗条件下合理分配软时间窗的松弛部分,这都是调度决策要优化解决的。具体约束条件分析的详细示意图如图 4-8 所示。

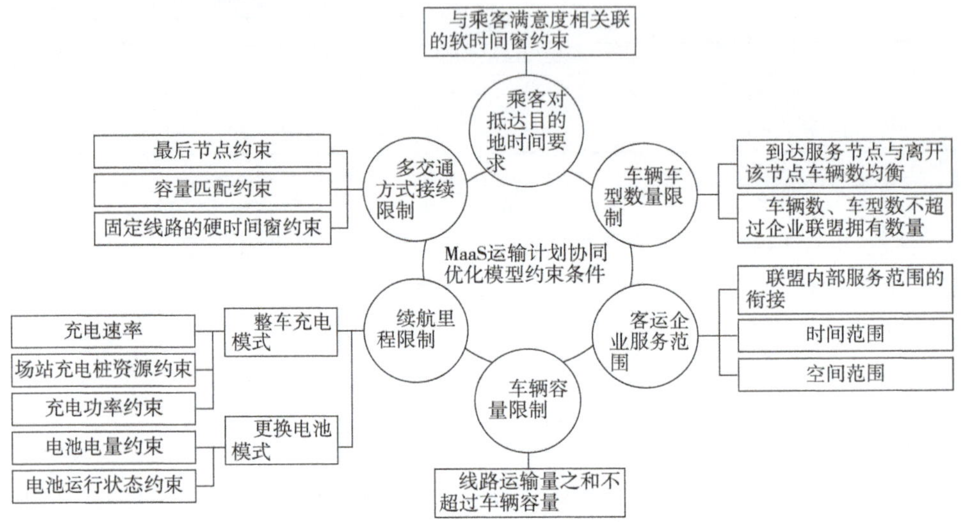

图 4-8　运输计划协同优化模型约束条件分析示意图

(三)MaaS 运力资源实时动态调度

MaaS 需求响应的服务模式可以分为两类,一类是提前产生的预约订单,一类是短时段产生的预约订单。相应的运输企业从 MaaS 平台获得的运输任务也分成两类:一类是提早已知的,可以纳入运输计划;另一类是临时或短时段内获悉的,则需要调整运输计划进行响应服务。调度方式是前两种方式的结合,通过静态预约调度模式制订初步的行车路线和排班计划,并且预留一些弹性服务时间和运输能力为实现预约需求服务,如果没有实时预约需求,则按照制订好的行车计划进行服务;如果出现实时预约需求,则选择合适的班次插入该需求,并对行车路线进行适当的调整。

(四)MaaS 运营调度服务接口衔接

MaaS 服务模式下,运力资源的调度将通过 MaaS 平台统一为用户提供各类交通运输服务,用户的需求将以订单的方式反馈到 MaaS 服务平台,平台通过与各交通运输服务提供商所建立的运营调度服务 API 接口实现订单的分配,进而实现各运力资源的及时调度,MaaS 平台中的各类 API 接口如图 4-9 所示。

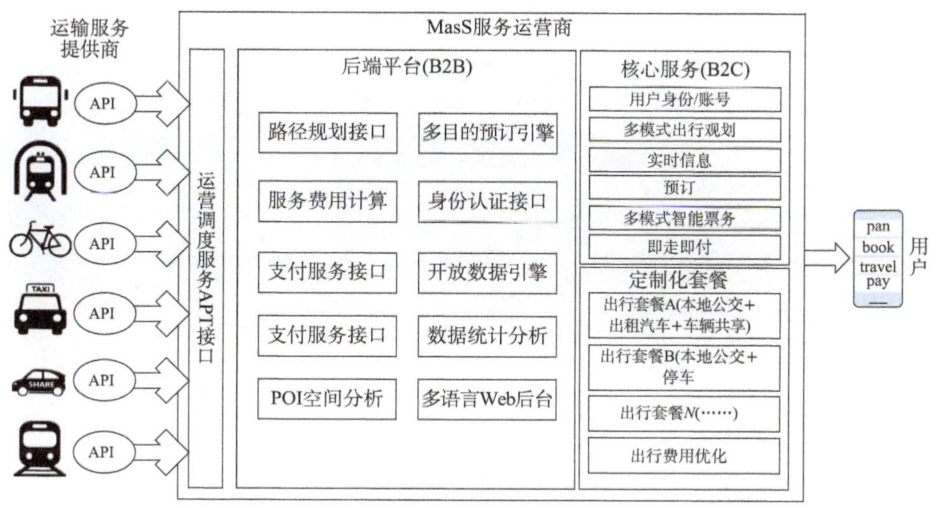

图 4-9 MaaS 平台运营调度服务 API 接口

三、MaaS 数据资源体系

MaaS 数据资源体系主要以数据资源目录为基础,基于数据开放共享机制,结合移动互联网、物联网、车联网、人工智能等技术和数据管理工具,全面采集、整合多种交通运输模式客运数据,同时完善数据资源相关标准规范,从而建立满足用户出行需求的 MaaS 数据资源体系。

(一)数据资源目录

通过前文 MaaS 出行生态体系研究可知,MaaS 生态体系的利益相关者包括 MaaS 核心利益相关者(MaaS 服务运营商、用户与运输服务提供商)和其他主要核心利益相关者(政府机构、空间信息服务提供商、路径规划服务提供商、支付服务提供商和票务服务提供商等)。本文基于各利益相关者间出行规划、预订、票务、支付、绩效评价等业务关系,全面、系统、规范地进行 MaaS 数据资源目录梳理,以便于数据交换和共享。MaaS 数据需求关系如图 4-10、图 4-11 所示。

根据 MaaS 系统数据需求分析,归纳总结了 MaaS 数据资源目录清单,具体见表 4-4。

利益相关者
数据需求清单
用户
静态数据
个人基本信息（如姓名、性别、手机号码、身份信息等）、账户信息等
动态数据
行程变更信息、出行轨迹信息、手机信令信息等
方案推送
出行需求
MaaS运营商
信息查询
出行规划
预订
支付
票务
开放API接口（包括线网、票务、调度、人员、车辆等方面）
开放订单相关API接口
静态数据
经营企业、线路、站点/投放点、票价/计费设置、场站、车辆、司乘人员、押金设置等基础数据
动态数据
实时车辆位置数据、线路动态发车计划信息、线路实际发车信息、实时票务信息、临时调度调整、延误等信息
交通运营商
单车
公交
停车
出租汽车
网约车
地铁
长途
铁路
民航

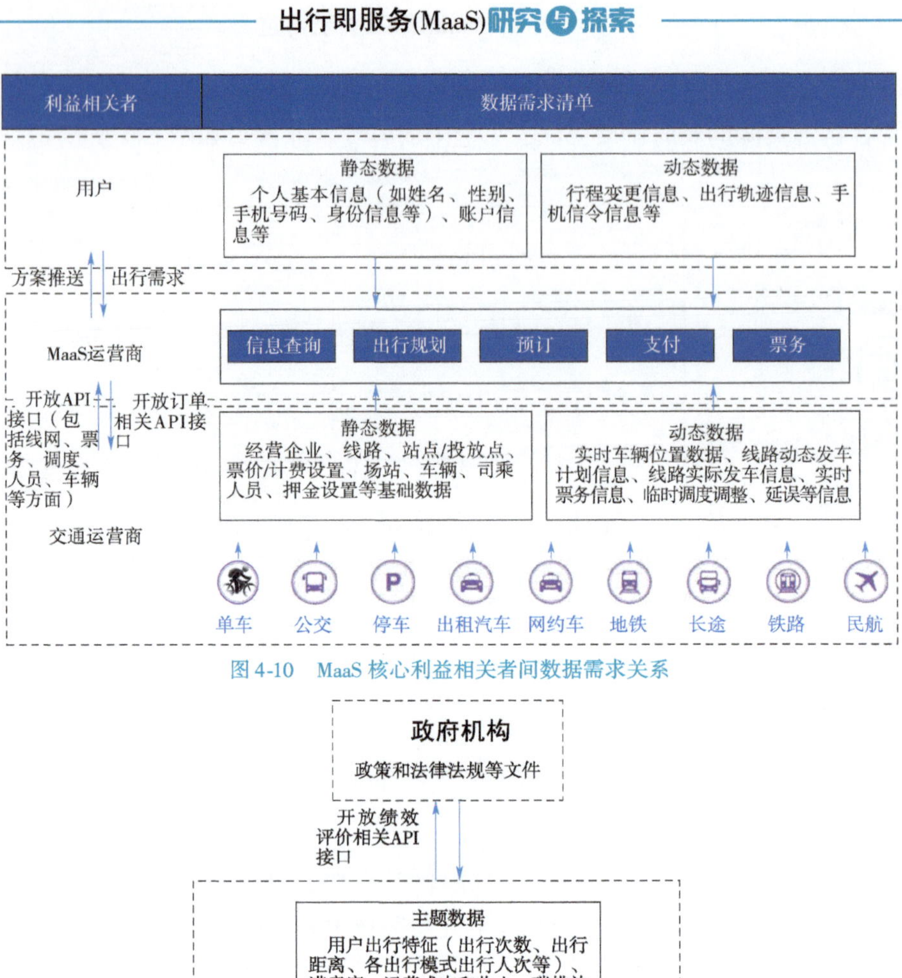

图 4-10　MaaS 核心利益相关者间数据需求关系

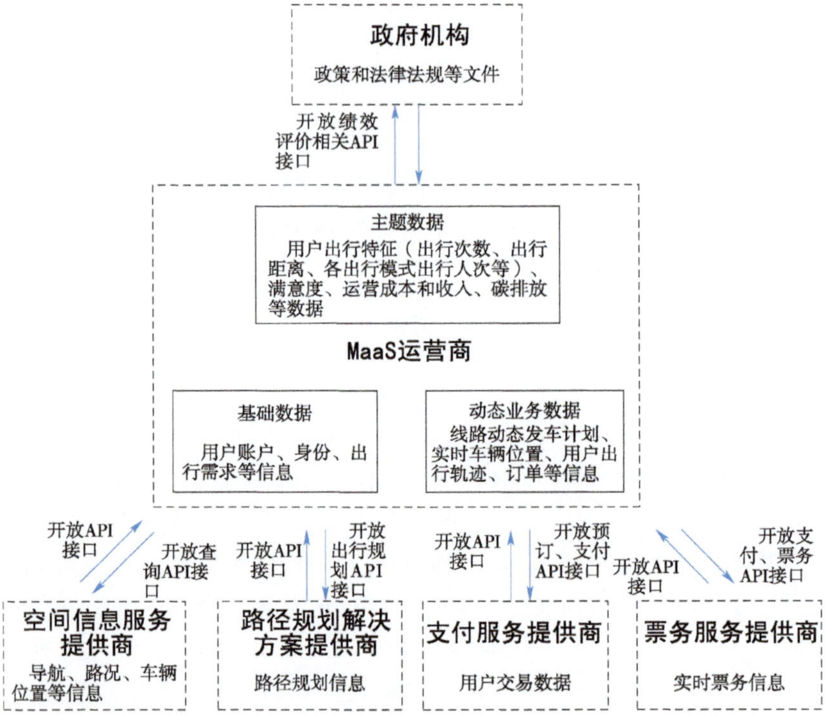

政府机构
政策和法律法规等文件
开放绩效评价相关API接口
主题数据
用户出行特征（出行次数、出行距离、各出行模式出行人次等）、满意度、运营成本和收入、碳排放等数据
MaaS运营商
基础数据
用户账户、身份、出行需求等信息
动态业务数据
线路动态发车计划、实时车辆位置、用户出行轨迹、订单等信息
开放API接口
开放查询API接口
开放API接口
开放出行规划API接口
开放API接口
开放预订、支付API接口
开放API接口
开放支付、票务API接口
空间信息服务提供商
导航、路况、车辆位置等信息
路径规划解决方案提供商
路径规划信息
支付服务提供商
用户交易数据
票务服务提供商
实时票务信息

图 4-11　MaaS 其他主要利益相关者间数据需求

MaaS 数据资源目录清单 表4-4

主要利益相关者		数据资源清单
运输服务提供商	公共汽电车	经营企业、线路、站点、票价;车辆、场站等基本信息; 实时车辆定位信息、线路动态发车计划信息、线路实际发车信息、临时调度调整、车辆延误等动态信息
	轨道交通	运营线路、车站、票价、场站、列车等基本信息; 线路计划开行列次信息、线路实际开行列次信息、临时调度调整、车辆延误等动态信息
	出租汽车	经营企业、车辆、驾驶员、计费设置等基本信息; 实时车辆定位信息
	共享单车	经营企业、车辆、计费设置、押金设置、投放点等基本信息; 实时车辆定位信息
	共享汽车	经营企业、车辆、计费设置、押金设置、投放点等基本信息; 实时车辆定位信息
乘客		个人信息(如姓名、性别、手机号码、身份信息等)、账户信息、人脸图像等基本信息;出行需求、行程变更、出行轨迹、手机信令等动态信息
政府机构		政策、法律法规等文件
路径规划服务提供商		企业信息、路径规划信息
支付服务提供商		企业信息、用户交易信息(包括进站/上车、出站/下车、支付二维码、支付金额等数据)
票务服务提供商		企业信息、实时票务信息
空间信息服务提供商		企业信息、地图导航、实时交通路况、实时车辆定位信息等

(二)数据开放共享机制

数据开放共享机制是实现各利益相关者间数据交换共享的必要前提,是有效管理共享数据和保障数据共享的重要制度。MaaS 数据开放共享机制主要包括以下几方面:

一是制定国家机密、个人隐私与企业商业秘密以及数据安全的法律法规,如乘客权益法、数据开放政策、数据安全政策等。

二是建立一套数据开放共享管理机制,包括激励机制、问责机制、监督机制等,将数据共享作为绩效考核的一部分。

三是制定数据开放共享管理办法,在统一数据开放共享标准的前提下,基于各利益相关者数据特点，制定个性化的管理办法，以保证数据开放共享的顺利实施。

(三)数据标准规范

为了规范数据资源目录、数据传输、数据交换与共享等方面内容，需形成一套具有可操作性的技术标准规范体系，主要涉及数据分类、数据编码、元数据、数据接口、数据采集与传输、数据交换、数据加密与脱密、数据安全、数据水印、数据库设计等方面。

四、MaaS 票务清分体系

当多运输主体实现网络化运营后，乘客在不同运输方式之间的出行可能存在多种出行方案的组合。MaaS 票务清分体系目标是为了整合各运输主体运营信息，实现各运输方式票务一体化，并按照各运输主体贡献度进行利益分配，从而简化票务流程，为用户提供更佳的体验。

本节针对各种交通运输主体票务业务，重点研究了票务清分服务内容和票证服务机制。主要为了推动 MaaS 票务一体化服务，促进不同交通方式之间的有序衔接，实现各出行领域的票务互认互通和清分结算服务。基于 MaaS 出行新理念对传统的客运票务清分服务体系进行重新划分和整合，确定联程客运新模式背景下"一票式"票务清分体系总体框架，具体如图 4-12 所示。

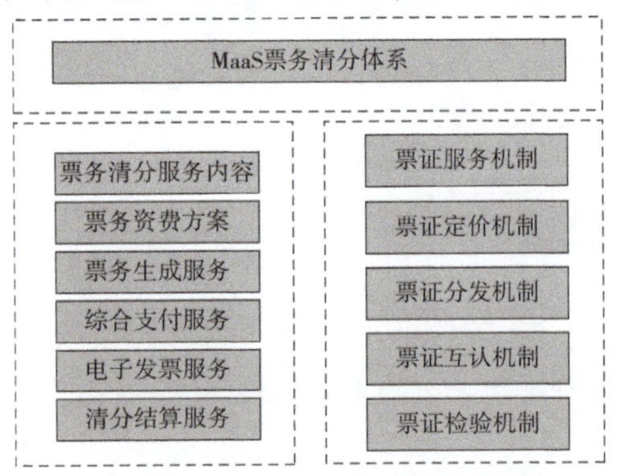

图 4-12　MaaS 票务清分体系框架

(一)票务清分服务内容

1. 票务资费方案

MaaS 出行服务方案可按照现收现付和出行套餐两种资费模式。其中，现收现付指的是当费用产生时才进行付费，而无须预先交钱，即先使用后付费。用户基于各运输服务提供商制定的价格，为其每段行程分别支付费用，这种付费方式有利于减轻用户的资金压力，进而提升销量；出行套餐指的是MaaS服务运营商将各运输方式整合成一张套票，用户在约定的时间段内根据其需求预购套票，从而获得多种运输方式捆绑服务。其中，出行套票基于用户出行的需求（如通勤、旅游、购物、差旅、探亲访友等目的），结合各交通运输模式特点，主要有通勤套票、旅游套票、日票、月票、年票、定制套票等票制。

2. 票务生成服务

基于各运输服务提供商提供的数据，在用户发出出行需求后，系统会为其规划推荐几种出行方案。当用户选定行程方案后，系统会自动生成票务，以供用户使用。该服务可打通各出行领域的票务互通障碍，实现多模式票务的融合。MaaS票务生成服务流程如图4-13所示。

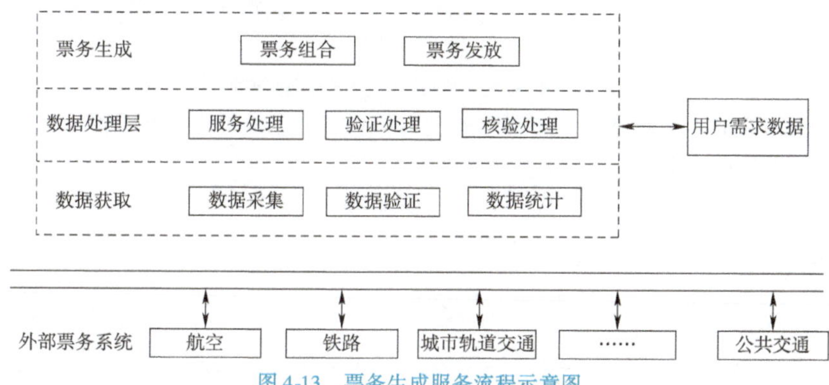

图4-13 票务生成服务流程示意图

3. 聚合支付服务

兼容当前多种模式，如二维码、NFC、刷脸、指纹等支付方式，以聚合支付技术为核心，建设覆盖多种支付方式的“包容性”支付工具，以实现公交、轨道交通、出租汽车、共享单车等多种交通运输模式票务支付方式的有机统一。

4. 清分结算服务

在票务一体化服务下，票务清分结算是为了解决MaaS服务运营商和利益相关者（如各运输服务提供商、一卡通运营商、支付服务提供商）间票务收益分配难题，重点是根据相关利益方的服务贡献程度将运营收入进行合理分配。

服务贡献主要是基于用户出行轨迹（包括出行模式、出行时间、出行距离等信息）和交易数据（包括进站/上车、出站/下车、购票、补票、改签、退票、储值等数据),MaaS 服务运营商将获取的数据进行验证,然后通过清分模型将各利益相关者的服务贡献进行结算,然后通过系统分发方式完成收益分配。MaaS 票务清分结算示意图如图 4-14 所示。

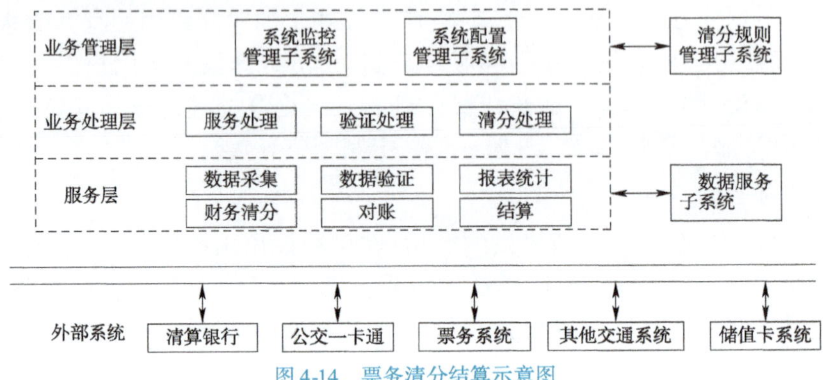

图 4-14　票务清分结算示意图

5. 电子发票服务

票务清分体系平台需与各交通运输主体票务系统和电子发票平台对接,通过用户数据统计、发票开具、发票信息分发等流程完成票务核销服务,具体流程示意图如图 4-15 所示。

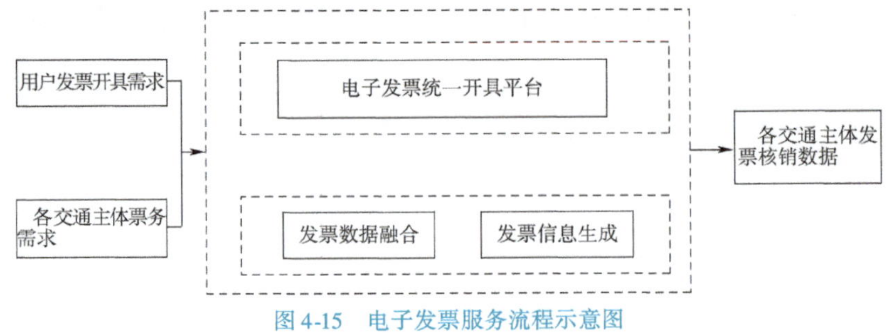

图 4-15　电子发票服务流程示意图

(二)票证服务机制

1. 票证定价机制

基于 MaaS 票制,MaaS 票价也主要有两种:即现收现付模式的票价和套票票价,其票价是由各运输主体与 MaaS 服务运营商之间通过分销协议商定确认。

现收现付模式,票价分两类:单一模式交通票和多模式交通组合票。这种模式的票价制定相对比较简单,主要为了吸引更多乘客使用 MaaS 联程客票出行,票价一般遵循票价低于各运输服务提供商平台售票票价,如多模式交通组合票的票价≤Σ各模式交通票的价格。

套票模式，票价主要基于用户需求，设计个性化或定制化的出行套餐。套票定价主要依据各个运输服务提供商的运营估算成本与用户的最大支付意愿，遵循"高于生产成本、保障利润、低于用户支付最大额度"的原则，对产品定价区间进行的初步估算。

2. 票证分发机制

基于用户票证支付数据，MaaS 系统后台需将各交通运输模式票务预订数据分发至各交通运输平台，完成与各交通运输主体票务系统的票务预订流程。

由于各交通运输主体的票务系统实时运行，需要确保票务分发的时效性。另外，在票务分发时还需确保票证系统对接准确性和数据准确性。

3. 票证互认机制

MaaS 票务清分系统应与各交通单项系统数据衔接统一，从而在票证互认环节，确保用户票证有效性。

4. 票证检验机制

在用户完成行程后，票务清分系统完成票证核销，并将数据分段发送给各运输服务提供商同步进行票证核销。

五、MaaS 信息服务体系

MaaS 信息服务体系是指将不同交通运输方式的信息系统、票务系统等进行整合，与 MaaS 运营服务平台进行对接，利用平台大数据技术对各种交通运输方式的出行、票务数据等进行标准化处理，围绕用户出行前、出行中、出行后等不同阶段，提供融合不同交通运输方式的一站式出行信息服务支撑，主要包括账户信息服务、票务信息服务、出行信息服务、支付信息服务、实时信息服务、增值信息服务等内容，具体内容见表 4-5。

MaaS 信息服务体系 表 4-5

MaaS 信息服务体系		出行前服务	出行中服务	出行后服务
账户信息服务	用户注册信息	√		
	用户画像信息			√
	会员积分信息	√		√
	钱包中心信息	√		√
	客服中心信息	√	√	√

续上表

MaaS 信息服务体系		出行前服务	出行中服务	出行后服务
票务信息服务	票务订单查询			√
	票务预订	√		
	票务价格优惠	√		
	票务改、退签	√		
	票务电子发票			√
出行信息服务	出行模式规划	√		
	出行线路查询	√		
	出行定位导航		√	
	出行信息提醒		√	
支付信息服务	订单支付	√		
	支付金额	√		
	支付方式	√		
	支付记录			√
	支付提醒	√		
实时信息服务	LBS 商圈信息	√		
	实时路况信息	√	√	
	行程异常信息		√	
	行李实时位置		√	
	实时天气信息	√		
增值信息服务	订阅信息推送	√	√	√
	信息精准推送	√	√	√
	出行见闻分享			√
	出行体验评价			√

(一)账户信息服务

账户信息服务主要提供用户个人账户信息的查询，一般包括用户注册信息、用户画像信息、会员积分信息、钱包中心信息和客服中心信息等。

1. 用户注册信息

为用户提供个人账户名称、登录密码、身份认证、常用联系人、其他乘坐人等信息的设置和修改操作功能，并为用户显示票务优惠套餐使用情况。

2. 用户画像信息

基于用户的历史出行订单进行数据分析与挖掘，生成并显示用户的主要出行特征标签，如高频出行模式、出行方式、出行起讫点、出行距离、出行时间、出行订单金额等。

3. 会员积分信息

为用户提供会员等级、会员积分、积分记录、积分规则等信息的查询，以及会员积分兑换其他商品的功能。

4. 钱包中心信息

为用户提供钱包金额查询、钱包充值、零钱提现、支付密码设置和修改、银行卡绑定和解绑、交易记录和收支明细查询等。

5. 客服中心信息

为用户提供人工客服专线和智能人工客服问答等服务，解答用户各种疑难问题，处理票务订单纠纷、物品遗失、用户投诉等问题，并且实时显示问题处理进度，以供用户及时了解问题处理进展情况。

（二）票务信息服务

票务信息服务可以为用户提供票务订单预订、历史订单查询等功能，提供票务价格优惠套餐以供用户选择，并能为用户提供票务改、退签和开具票务电子发票等功能。

1. 票务订单查询

用户可以在票务订单查询界面可查询已支付订单的详细信息，如乘车人姓名、身份证号码信息或护照号码信息、乘车日期、全链条出行模式信息（出发地点、发车时间、行程时间、停靠站、票价等信息）、总票价等。

2. 票务预订

用户可以在实际出行前，根据出行时间、出行起讫点、出行方式等个人需求提前进行票务的预定。

3. 票务价格优惠

提供票务优惠套餐以供用户选择，套餐类型包括日票、周票、月票、单程票、停车票等各种折扣套餐,用户可根据个人需求进行选择。

4. 票务改、退签

用户可根据个人需求,按照条款约定时间进行票务的退、改签业务。

5. 票务电子发票

用户可根据个人需求,按照规定流程申请开具全链条出行的票务电子发票。

(三)出行信息服务

出行信息服务可以根据用户提供的出行时间、出行起始点等条件,为用户提供包含公交、地铁、出租汽车、共享单车、轮渡、长途客车、民航、高速铁路、轮船等多模式组合的全链条智能出行规划方案和出行线路、出行方式查询等功能,并通过出行定位导航功能引导用户前往指定目的地,同时在出行过程中向用户发出提醒信息。

1. 出行模式规划

出行模式规划可以根据用户提供的出行时间、出行起始点等个人需求条件,以及直达优先、时间最短、票价最低等深度优化条件,为用户提供涵盖多种出行模式的全链条最优的出行规划和换乘方案。

2. 出行线路查询

出行线路查询可以根据用户提供的出行时间、出行起始点、出行方式等条件,生成全部出行线路方案列表,以供用户查询每种出行线路方案的出行路径、出行方式、换乘方案、出行费用等具体信息。

3. 出行定位导航

出行定位导航可以根据用户的实际位置和选择的目的地,在地图上实时显示用户的位置信息和通往目的地的出行规划方案。

4. 出行信息提醒

基于用户所选择的出行规划方案和出行定位导航功能,为用户提示预计发车时间、剩余发车时间、换乘方案、预计到达时间、剩余到达时间等信息。

(四)支付信息服务

支付信息服务主要体现在用户订单支付过程中,用户通过支付选项进行订单支付、查询支付金额、选择支付方式,最后校验支付信息以完成订单支付过程，并在事后可以通过支付记录查询历史支付信息。

1. 订单支付

为用户提供支付票务订单金额的功能。

2. 支付金额

根据用户的出行时间、出行方式、出行距离等信息生成订单的支付金额。

3. 支付方式

为用户提供选择不同支付方式进行支付的功能。

4. 支付记录

为用户提供历史订单支付记录的查询功能，包括订单编号、支付时间、支付对象、支付方式、支付金额等信息。

5. 支付提醒

在用户进行订单支付时进行提醒，帮助用户校验支付订单、支付金额、支付方式等信息。

（五）实时信息服务

实时信息可以根据用户的实时位置，为用户提供附近区域的 LBS 商圈信息、实时路况信息、实时天气信息以及托运行李的实时位置信息，并根据用户的出行规划方案提醒出行过程中的行程异常信息。

1. LBS 商圈信息

基于用户位置信息，为用户提供附近区域的美食、酒店、景点、银行、超市等商圈信息，并按照评分、距离等推荐给用户。

2. 实时路况信息

为用户提供所选区域内的实时道路运行状况信息。

3. 行程异常信息

用户出行过程中出现发车时刻延误、预订行程取消、路况拥堵、交通事故等异常状况时，或用户实际行程偏离出行定位导航时，实时动态提醒用户及时修改或变更出行规划方案。

4. 行李实时位置

为选择行李托运的用户提供行李的实时位置信息查询，包括行李托运条形码编号、日期、时间、行李位置和进度跟踪等。

5. 实时天气信息

为用户提供所在区域的实时天气及天气预报信息。

(六)增值信息服务

基于增值信息服务,用户可以订阅和关注感兴趣的信息并将得到及时的信息推送,可以通过发布个人出行见闻分享自己的出行体验和感受,并通过出行体验评价来提升 MaaS 系统整体的出行服务品质。

1. 订阅信息推送

根据用户的订阅信息内容,实时更新并推送给用户。

2. 信息精准推送

根据用户所关注和浏览的历史信息记录,基于大数据挖掘技术分析用户兴趣点并将相关信息推送给用户。

3. 出行见闻分享

用户可以通过文字、图片、视频等方式分享个人的出行见闻与体验感受。

4. 出行体验评价

在用户完成出行过程后,为用户提供出行服务评价功能,包括用户对全链条出行过程中各种出行方式及换乘过程的快捷性、可靠性、舒适性、便捷性等方面的满意程度。

六、MaaS 监管保障体系

为推动 MaaS 服务模式顺利实施,确保 MaaS 平台正常运营,优化联程客运制度环境和监管环境,需要围绕服务质量监管、信用体系建设、绿色出行激励、信息安全保护和票价补贴机制等方面打造一套能适应 MaaS 模式的新的监管服务体系,充分发挥互联网、大数据、人工智能等新技术的辅助作用,进一步转变和提升传统的客运出行监管模式,不断完善政府监管的手段,为城市联程客运服务创造新的监管服务环境,具体保障体系示意图如图 4-16 所示。

(一)服务质量监管

为有效衡量城市 MaaS 运营绩效,推动 MaaS 服务模式成功实施,政府管理部门需围绕 MaaS 服务运营商、运输服务提供商等相关企业进行服务质量监管,重点围绕运营与管理、设施与设备、服务提供、用户/乘客满意度评价等方面进

行服务质量监管,具体内容如下:

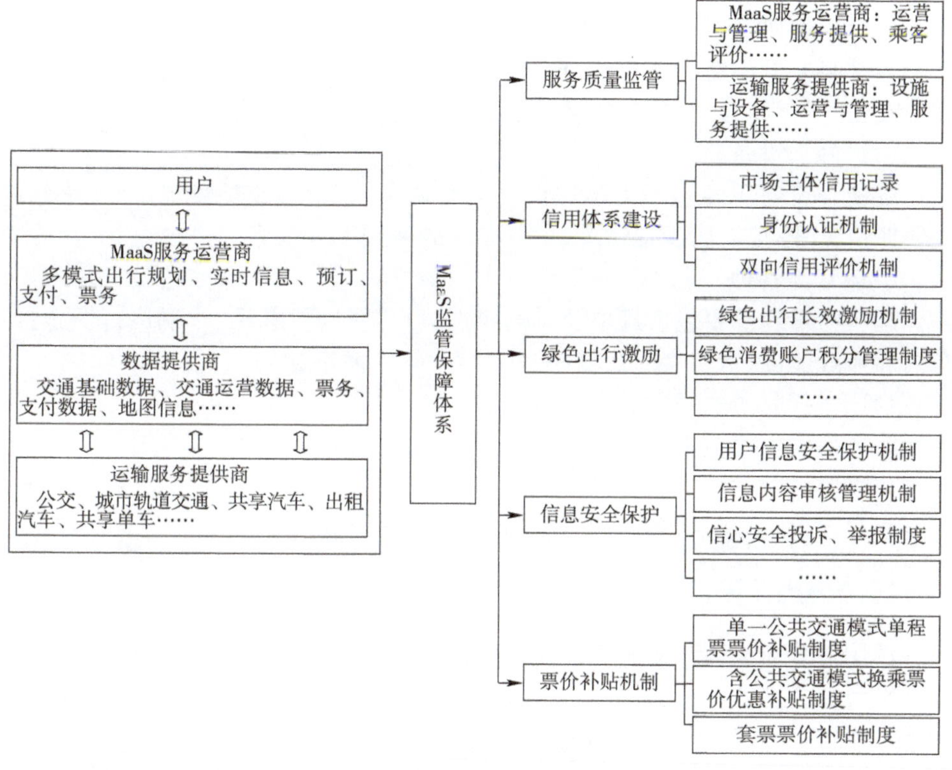

图4-16 MaaS 监管保障体系

1. MaaS 服务运营商服务质量监管

MaaS 服务运营商作为服务中介,主要通过整合各运输服务提供商运输服务资源为用户提供出行服务。其服务质量监管主要侧重于运营与管理、服务提供、与用户评价等方面指标。

1)运营与管理

运营与管理主要包括订单及时分发性、行车责任事故死亡率、道路交通运输违法(章)率等指标。

2)服务提供

服务提供主要包括实时出行信息服务提醒、出行规划方案个性化和定制化、票制丰富性、票价可接纳度、支付方式多样性等方面指标。

3)用户评价

用户评价主要包括乘客满意度、投诉率和运输服务提供商满意度等方面指标。

2. 运输服务提供商服务质量监管

运输服务提供商作为 MaaS 服务实际承运人,其服务质量监管主要包括设施与设备、运营与管理、数据共享和乘客满意度等方面。

1)设施与设备

设施与设备主要包括无障碍设施配置情况、充电设施配置情况、换乘站设置便捷情况、停车场所配置情况、车辆中途故障频率等指标。

2)运营与管理

运营与管理主要包括订单及时响应性、行程时间可靠性、车辆运行安全性、车内环境舒适性、道路交通运输违法(章)率等方面指标。

3)服务提供

服务提供主要包括实时信息服务提醒等方面指标。

4)乘客评价

用户评价主要包括乘客满意度和投诉率两大指标。

(二)信用体系建设

信用监管对 MaaS 服务的发展至关重要,其监管对象主要包括第三方 MaaS 服务平台运营企业和参与的运输服务提供商(包括网约车、共享单车、汽车分时租赁、共享汽车等领域)。政府管理部门应建立 MaaS 服务信用体系,强化信用管理,推进信用记录的共享应用,通过信用体系规范平台规范经济经营者和参与者的行为。

1. 建立市场主体信用记录

各有关部门应当按照职责建立 MaaS 服务企业和驾驶员信用记录,根据权责清单建立信用信息采集目录,在办理注册登记、资质审核、日常监管、公共服务等过程中,及时、准确、全面记录 MaaS 服务运营商信用行为,特别是将失信记录建档留痕,做到可查可核可溯。同时,将企业信用记录纳入全国信用信息共享平台,并将 MaaS 服务平台公司行政许可和行政处罚等信用信息在全国企业信用信息公示系统上予以公示。

2. 建立健全身份认证机制

严格规定 MaaS 服务应用程序提供者应按照“后台实名、前台自愿”的原则,对注册用户(包括乘客、驾驶员等人员)进行基于身份证、移动电话号码等真实身份信息的认证。政府主管部门应对在线提供服务的驾驶员和使用服务的乘客进行数字化身份认证，对驾驶员驾驶行为和乘客出行行为全程监管，保证网上留痕、可追溯。

3. 建立双向信用评价机制

鼓励第三方 MaaS 服务平台运营企业深入开展双向信用评价，提供运输服务提供商/驾驶员和乘客信用评价服务。

(1)运输服务提供商/驾驶员信用评价。交易完成后，乘客可对运输服务提供商和驾驶员的履约情况进行信用评级。

(2)乘客信用评价。第三方 MaaS 服务平台运营企业基于用户行为数据进行信用评价，主要包括用户基本信息、履约情况、消费行为偏好、支付、黑名单信息等方面的指标。

行业主管部门应对运输服务提供商/驾驶员和乘客信用评价进行全程监管，同时结合行业管理数据，建立 MaaS 服务信用评价模型，以支撑新业态信用监管。

(三)绿色出行激励

为鼓励居民绿色出行，政府管理部门应制定绿色出行激励引导措施，具体主要包括两方面：

(1)制定绿色出行长效激励机制，以绿色出行奖励积分的规则，对选择公共交通、共享单车等交通方式出行的用户进行积分奖励。

(2)鼓励企业建立绿色消费账户积分管理制度和绿色消费账户积分管理系统，企业通过积分消费抵扣、积分兑换(如里程兑换、交通票兑换、礼品兑换等)、积分抽奖等多种方式，促进居民良好出行行为习惯，从而促进 MaaS 服务的发展。

(四)信息安全保护

为了保障 MaaS 服务网络信息安全，维护国家和社会公共利益，保护公民、法人和其他组织的合法权益，促进 MaaS 服务健康发展，MaaS 服务运营商及参与方应履行以下责任：

(1)MaaS 服务运营商应严格落实信息安全管理责任，建立健全用户信息安全保护机制，收集、使用用户个人信息应当遵循合法、正当、必要的原则，明示收集使用信息的目的、方式和范围，并经用户同意。

(2)建立健全信息内容审核管理机制，对发布违法违规信息内容的，视情采取警示、限制功能、暂停更新、关闭账号等处置措施,保存记录并向有关主管部门报告。

(3)依法保障用户在安装或使用过程中的知情权和选择权,未向用户明示并经用户同意,不得开启收集地理位置、读取通讯录、使用摄像头、启用录音等功能,不得开启与服务无关的功能,不得捆绑安装无关应用程序。

(4)尊重和保护知识产权,不得制作、发布侵犯他人知识产权。

(5)行业主管部门应建立网络信息安全投诉、举报制度,公布投诉、举报方式等信息,及时受理并处理有关网络信息安全的投诉和举报。

(五)票价补贴机制

MaaS 服务票价补贴对象是公共交通(公共汽电车和轨道交通)运营企业。基于群众可接受、企业可发展、财政可承担的城市公共交通运营可持续财税设计原则,城市价格主管部门需结合公共交通服务管理体制和 MaaS 服务产品定价方案,科学调整或制定票价补贴机制。

在票价补贴方面,政府管理部门根据联程客运产品定价方案和政府支持力度进行票价补贴方案的制定。

(1)对于单一公共交通模式的单程票,其优惠力度由企业自身承担,政府部门还是执行现有票价补贴政策。

(2)对于包含公共交通模式换乘情况单一联程票,如公交—公交、公交—地铁、地铁—公交等,政府管理部门可根据实际情况进行换乘优惠政策,制定对优惠部分根据公共交通运营企业成本规制情况进行票价换乘优惠补贴。

(3)对于套票,政府管理部门应根据运营企业成本规制情况针对客运套票制定票价补贴制度,规定套票的种类、交通模式、使用次数、使用时间或里程等方面。

第五章　MaaS评价的相关问题

第一节　评 价 需 求

一、评价目的

MaaS 的成功实施基于当地城市交通发展状况、各利益相关方(政府、运输服务提供商、用户等)的协作意愿、必备的政策环境、相对成熟的技术条件等关键要素。目前,MaaS 在我国尚属初步探索阶段,只有极少部分一线城市(如北京、深圳、广州等)在进行积极探索与应用实践,为更好帮助相关城市了解 MaaS 实施前准备程度、实施中所处的发展阶段以及实施后的实际应用效果等状况,有必要开展相应的评价工作,即 MaaS 成熟度评价、MaaS 服务等级评价以及 MaaS 实施效果评价,具体目的如下:

(1)MaaS 成熟度评价的目的是为了帮助城市了解 MaaS 实施前应具备的先决条件,从而评估城市开展 MaaS 服务模式建设过程中在政策、机制、技术、人文等各方面的准备程度,辅助城市人民政府、相关行政主管部门、MaaS 服务运营商、运输服务提供商等利益相关者了解自身发展 MaaS 存在的优势和不足,为各城市实施 MaaS 仍需努力和改进的方向提供指引。

(2)MaaS 服务等级评价的目的是评价各城市所实施的 MaaS 当前处于何种 MaaS 服务等级,进而帮助各城市了解已存在 MaaS 系统所处的发展阶段以及当前仍需重点解决的问题,进而向更高服务等级的 MaaS 系统发展提供指引。

(3)MaaS 实施效果评价的目的是为了评价各城市在实施 MaaS 平台建设后所产生的经济及社会效益，确保 MaaS 的发展目标与城市交通发展政策目标保持一致，以更好提高 MaaS 服务水平，提升交通系统整体服务效能。

二、评价原则

本书充分借鉴国内外学者相关研究成果，面向乘客、企业和政府等机构，采取多目标评价方法，以建立切实可行、有利于城市出行即服务(MaaS)发展的评价体系。其评价基本原则如下：

1. 科学性原则

MaaS 评价指标选择以科学的理论准则为依据，反映指标的数据来源要可靠、准确，指标定义准确、目标指向清晰。

2. 系统性原则

MaaS 发展涉及社会、经济、环境、资源、技术等多个方面，涵盖用户、政府、运输服务企业、运输服务提供商等诸多利益相关者。因此，确定 MaaS 评价指标应体现系统性。

3. 可操作性原则

MaaS 评价体系应充分考虑数据可获取性和指标量化的难易程度。指标评价结构要尽可能简单、指标要通俗易懂、易于被接受。

4. 完整性原则

MaaS 评价体系目标主要是为了评估城市实施 MaaS 的准备情况和实施效果，选取指标应全面反映评价目标多元化的要求，应涵盖当前及未来一个时期 MaaS 发展方向与工作重点。

三、评价方法

MaaS 评价，涉及多主体、多目标，故评价指标选取需考虑的因素也很多，简单的线性结构难以描述各指标间内在联系。本书采用层次分析法建立由目标层、准则层和指标层构成的指标体系。其中，目标层表明某一大类指标的目标指向；准则层反映 MaaS 某一方面的实施准备程度或效果；指标层由若干个定性或定量的评价因素构成。指标体系结构示意如图 5-1 所示。

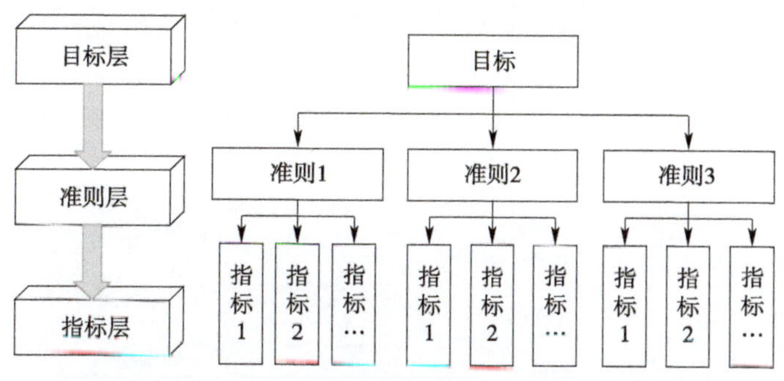

图 5-1　指标体系结构示意图

第二节　MaaS 成熟度评价

充分借鉴国际学者关于 MaaS 成熟度评价相关研究成果和全球典型 MaaS APP 实践经验，结合我国城市交通发展特点，按照评价指标的选取原则，确定了 MaaS 成熟度六个关键维度的准则层：政策法律法规、居民意愿、运输服务提供商开放态度、数据开放与共享、ICT 基础设施和标准规范，具体指标如图 5-2 所示。

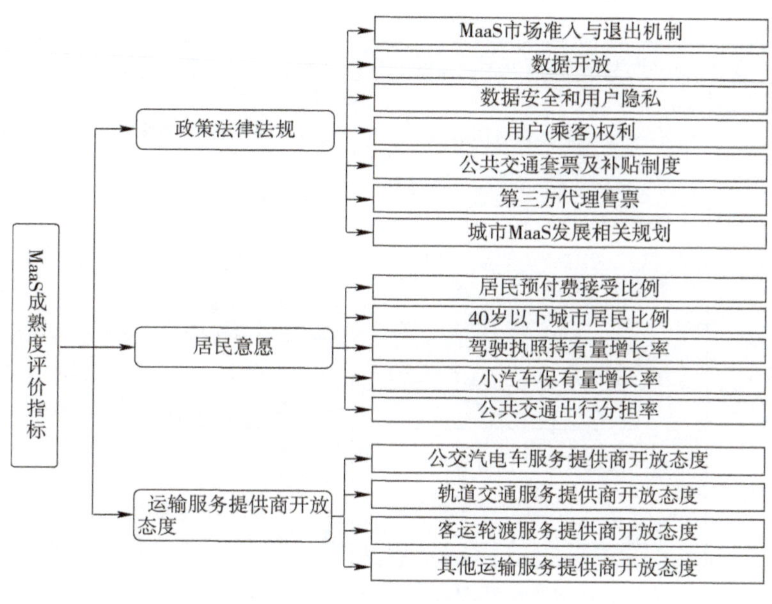

图　5-2

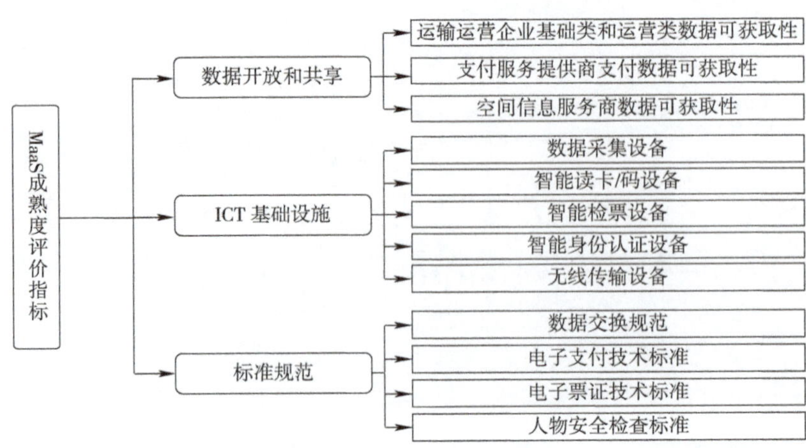

图 5-2 MaaS 成熟度评价指标

一、政策法律法规

政策法律法规是指城市或地区政府为支持 MaaS 发展而制定或重构的关键政策、法律法规。主要包括 MaaS 市场准入退出机制、数据开放、数据安全和用户隐私、用户(乘客)权利、公共交通套票及补贴制度、第三方售票代理、城市 MaaS 发展规划等方面的政策、法律和法规,具体指标定义见表 5-1。

政策法律法规指标　　表 5-1

准则层	指标项	指标含义
政策法律法规	MaaS 市场准入与退出机制	MaaS 服务运营商应具备的条件和政府对其服务质量监管考核要求,以确保公平竞争 MaaS 市场
	数据开放	促进 MaaS 核心利益主体间数据开放共享政策
	数据安全和用户隐私	规定数据持有人的责任和要求的数据保护条例,以保障数据安全和用户隐私
	用户(乘客)权利	规定 MaaS 服务运营商及运输服务提供商对乘客应有责任和义务,保障乘客权利,如无歧视、知情、赔偿、取消服务退款、投诉等方面的权利
	公共交通套票及补贴制度	公交、地铁联程套票制度及相应的票价补贴制度
	第三方代理售票	允许第三方代表运输服务提供商出售车票,以保证多模式的综合售票可实现
	城市 MaaS 发展相关规划	相关交通运输规划中明确提出推广城市 MaaS 服务

二、居民意愿

居民意愿是指人们接受并愿意使用 MaaS 相关服务的程度,是 MaaS 能够成功实施的关键条件之一。首先,MaaS 可能要求用户提前支付出行服务套餐费用,因此,人们能够接受提前支付出行费用的意愿可能是其成功的必要条件;其次,居民从私家车出行转变为使用 MaaS 出行的意愿,受其年龄、驾驶执照、小汽车保有量、公共交通使用频率等因素影响。相关学者研究发现,年轻一代更倾向于共享出行;另外,城市中驾驶执照和小汽车保有量下降趋势以及较高的公共交通出行分担率更有利于 MaaS 实施。因此,居民的个人属性和出行行为也是影响其接受 MaaS 服务重要因素之一。经分析,居民意愿主要包括居民预付费用接受比例、40 岁以下城市居民比例、驾驶执照持有量增长率、小汽车保有量增长率和公共交通出行分担率等指标,具体指标定义见表 5-2。

居民意愿指标　　表 5-2

准则层	指标项	指标含义
居民意愿	居民预付费用接受比例	能够接受提前支付出行费用的居民占比情况
	40 岁以下城市居民比例	城市 40 岁以下年龄的居民占比情况
	驾驶执照持有量增长率	城市居民驾驶执照持有量增长比例
	小汽车保有量增长率	城市小汽车保有量增长比例
	公共交通出行分担率	城市居民采取公共交通方式出行的总量在采取各种机动化方式出行总量中所占的比例

三、运输服务提供商开放态度

多种交通运输模式整合是 MaaS 能够发展和提供可持续运营服务的前提条件。运输服务提供商开放态度是指运输服务提供商是否愿意参与和整合进 MaaS 运输服务中,其态度直接影响到 MaaS 服务体系的正常实施。由于公共交通(包括公共汽电车、城市轨道交通、城市客运轮渡)是 MaaS 服务最基本也是最为鼓励的交通运输模式,故公共交通服务提供商的开放态度对于 MaaS 实施尤为重要,具体指标定义见表 5-3。

运输服务提供商开放态度指标　　表 5-3

准　则　层	指　标　项	指 标 含 义
运输服务提供商开放态度	公共汽电车服务提供商开放态度	公共汽电车运营企业是否愿意参与到 MaaS 运输服务
	轨道交通服务提供商开放态度	轨道交通运营企业是否愿意参与到 MaaS 运输服务
	客运轮渡服务提供商开放态度	轨道交通运营企业是否愿意参与到 MaaS 运输服务
	其他运输服务提供商开放态度	出租汽车、网约车、共享单车、共享汽车、轮渡、高速铁路、民航等运营企业是否愿意参与到 MaaS 运输服务

四、数据开放与共享

为了实现多模式整合的交通出行服务，首先要实现多种运输模式物理设施整合，例如，线路、时刻表、车站便利设施等方面整合。其中，参与 MaaS 服务的运输服务提供商之间数据共享是促成其实现的关键因素。数据开放与共享指的是不同利益主体间，主要指运输服务提供商、支付和空间信息等服务提供商的数据可获取性，具体指标定义见表 5-4。

数据开放与共享指标　　表 5-4

准　则　层	指　标　项	指 标 含 义
数据开放和共享	运输运营企业基础类和运营类数据可获取性	线路、站点、场站、车辆、票价等静态数据和动态发车计划、实时车辆 GNSS 卫星导航定位数据等动态数据的可获取性
	支付服务提供商支付数据可获取性	不同电子支付服务提供商提供的一卡通、乘车二维码、NFC、生物识别、银联卡等支付数据可获取性
	空间信息服务商数据可获取性	空间信息服务商针对不同运输方式提供地图导航、实时交通路况、车辆位置等数据的可获取性

五、ICT 基础设施

MaaS 服务涉及动态路径规划、实时信息查询、支付、票务等功能，这些功能实现依赖于动态数据采集、移动支付、电子票证、身份认证、电子地图导航等技术设备。ICT 基础设施指支撑 MaaS 服务的 ICT 基础设施的准备情况，具体包括数据采集设备、智能读卡/码设备、智能身份认证设备、无线传输设备、数据采集设备等指标，具体指标定义见表 5-5。

ICT 基础设施指标　　表 5-5

准则层	指标项	指标含义
ICT 基础设施	数据采集设备	能够进行车辆位置、客流、视频、速度等数据采集的设备，如车辆位置、用户行为等数据采集设备
	智能读卡/码设备	能够支撑不同电子支付方式的读卡/码终端
	智能检票设备	能够支撑不同运输模式电子票证的检票设备
	智能身份认证设备	能够智能识别人脸、证件图像、指纹等不同生物特征的身份认证设备
	无线传输设备	能够提供无线传输的网络设备，如 Wi-Fi、4G/5G

六、标准规范

由于 MaaS 利益相关方之间数据存储、电子支付、电子票证、安检等方面技术标准往往存在差异，导致无法直接进行数据、支付、票务等方面的整合，因此统一标准规范是 MaaS 实施的必备条件。具体包括数据交换规范、电子支付技术标准、电子票证技术标准、不同运输模式的人物安全检查标准等，具体指标定义见表 5-6。

标准规范指标　　表 5-6

准则层	指标项	指标含义
标准规范	数据交换规范	规定不同利益主体间数据交换的内容、格式、频率、传输要求等方面标准
	电子支付技术标准	规定电子支付芯片选型、密钥管理、系统兼容等方面要求的技术标准
	电子票证技术标准	规定电子票证的主题、发行人、开票日期、用户 ID、用户加密签名、QR 码或者标准条形码等信息要求的标准
	人/物安全检查标准	规定部分运输模式间统一的人物安全检查要求的标准

第三节　MaaS 服务等级评价

本书是从系统应用角度，针对 MaaS 应用系统开展 MaaS 服务等级评价研究。重点基于 Jana Sochor 等学者按照服务整合程度对 MaaS 服务等级划分的相关研究成果，根据每一级应具备的能力、条件和措施进行了更深入的阐述。MaaS 服务等级评价具体表述如下：

1. 无整合

该级别缺乏与其他交通方式的整合，各运输服务提供商信息不开放共享，提供运营服务，MaaS 系统仅向用户提供单一交通方式信息查询和出行规划。该阶段 MaaS 服务运营商作为主要推动力量，商业性质较浓，公共服务属性不强，不算真正意义的 MaaS。

2. 信息整合

该级别 MaaS 系统将各交通方式线路、站点、场站、车辆、票价等静态信息和动态发车计划、实时车辆位置等动态信息进行整合，为用户提供一套可涵盖多种交通方式的出行规划方案。该阶段各运输服务提供商有义务开放和共享各交通运输模式的线路、站点、车辆等基础数据和时刻表、位置等运营动态数据，系统接入各运输服务提供商的运营调度 API，但未接入各运输服务提供商票务 API，仅可为用户提供各交通方式信息查询、出行规划方案，但不销售其他模式的交通票。

3. 预订、支付、票务整合

该级别 MaaS 系统在各种交通方式信息整合的基础上，对接各交通方式的票务系统，为出行者提供单次出行服务，具体指多种交通方式（单一模式或者组合模式）的出行信息查找、预订、支付和票务服务。该阶段各运输服务提供商通过分销协议可向第三方 MaaS 平台开放分销授权，且运输服务提供商有义务提供 API（包括支付、票务）接口，开放共享必要数据（包括实时票务数据），支付、电子发票等技术标准相对成熟，系统可为用户提供出行信息查找、行程预订和票务支付，还可进行票务变更到站、改签和退票操作。

4. 套餐服务整合

该级别 MaaS 系统在实现信息、预订、支付和票务整合基础上，为最大化满足不同类型的用户个体甚至家庭和团体等的日常出行需求，基于当地政府补贴政策，与各运输服务提供商合作，将各交通运输方式整合成出行套餐，支持日票、月票、年票、通勤票、特定时间段套票等各种出行服务套餐，以便于用户通过捆绑账户按需订购出行服务套餐。政府为激励、引导居民绿色出行，发布相关保障政策(如交通补贴、绿色积分等政策)，企业推出的套餐产品可作为小汽车替代方案，最大化便利用户出行。

5. 社会目标整合

该级别 MaaS 目标超越了用户出行需求和运输资源供给，而是致力于实现当地城市交通乃至城市可持续发展的政策目标，如减少私人小汽车出行需求、缓解城市交通拥堵、改善空气质量、提高交通安全性等，最终改善城市居民的居住环境、提升居民生活水平。该阶段相关政府监管部门制定考核评价机制，定期对 MaaS 运营情况进行考核评价，强调 MaaS 公共服务属性，以引导当地 MaaS 发展方向和目标。

针对上述不同的 MaaS 服务等级，其可能的指标构成及定义见表 5-7。

MaaS 服务等级评价指标情况 表 5-7

MaaS 服务等级	指标项	指标值
无整合	涉及交通方式数量	不限
	运输服务提供商开放的数据	线路、站点、场站、车辆、票价等静态信息和动态发车计划、实时车辆卫星定位数据等动态信息
	提供功能	单一模式出行规划、信息查询
信息整合	涉及交通方式数量	2 种以上(含 2 种)
	运输服务提供商开放的数据	线路、站点、场站、车辆、票价等静态信息和动态发车计划、线路实际发车信息、实时车辆 GNSS 卫星定位数据、车辆/航班延误、临时车辆调度等动态信息
	提供功能	联程出行规划、实时信息查询
预订、支付、票务整合	涉及交通方式数量	2 种以上(含 2 种)
	运输服务提供商开放的数据	线路、站点、场站、车辆、票价等静态信息和动态发车计划信息、线路实际发车信息、实时车辆 GNSS 卫星定位数据、车辆/航班延误信息、临时车辆调度信息和实时支付、票务等动态信息
	提供功能	联程出行规划、联程预定、联程支付、联程票务

续上表

MaaS 服务等级	指　标　项	指　标　值
套餐整合	涉及交通方式数量	不限
	运输服务提供商开放的数据	线路、站点、场站、车辆、票价等静态信息和动态发车计划信息、线路实际发车信息、实时车辆 GNSS 卫星定位数据、车辆/航班延误信息、临时车辆调度信息和实时支付、票务等动态信息以及政府补贴、票制票价情况
	提供功能	联程出行规划、联程预定、联程支付、联程票务、优惠套餐等功能
社会目标整合	涉及交通方式数量	2 种以上(含 2 种)
	运输服务提供商开放的数据	线路、站点、场站、车辆、票价等静态信息和动态发车计划信息、线路实际发车信息、实时车辆 GNSS 卫星定位数据、车辆/航班延误信息、临时车辆调度信息和实时支付、票务等动态信息以及政府补贴、票制票价情况
	提供功能	联程出行规划、联程预定、联程支付、联程票务、优惠套餐、特色增值服务(绿色积分、出行评价等功能)

第四节　MaaS 实施效果评价

MaaS 服务宗旨是为人们提供更安全、更便捷、更经济、更低碳的出行服务，提高人们出行体验，促进人们从私家车出行转移到公共出行。按照评价指标的选取原则，根据《交通强国建设纲要》总体要求和 MaaS 服务宗旨，在充分借鉴国际相关学术进展与先进典型案例实施效果的基础上，围绕安全、便捷、高效、绿色、经济五大方面探索构建 MaaS 实施效果评价指标体系，具体的指标体系框架如图 5-3 所示。

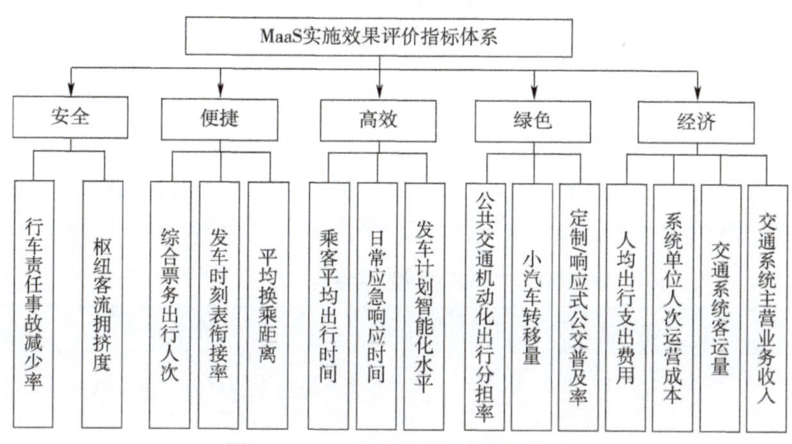

图 5-3　MaaS 实施效果评价指标体系

1. 安全性指标

安全性指标表征的是 MaaS 服务安全水平的指标，主要通过 MaaS 服务中不同交通方式行车责任事故减少率和枢纽客流拥挤度来度量，具体指标定义见表 5-8。

安 全 性 指 标　　　　表 5-8

准则层	指　标　项	指 标 含 义
安全	行车责任事故减少率	统计期内，MaaS 服务区域内，每行驶百万公里发生的行车责任事故次数减少率
	枢纽客流拥挤度	MaaS 换乘枢纽客流拥挤状态，重点反映 MaaS 服务模式下，枢纽客流集散效能

2. 便捷性指标

便捷性指标表征的是 MaaS 无缝衔接、零距离换乘程度，主要体现在综合票务以及各交通模式设施衔接换乘的便捷水平，通过综合票务出行人次、不同交通方式间发车时刻表衔接情况和平均换乘距离值来度量，具体指标定义见表 5-9。

便 捷 性 指 标　　　　表 5-9

准则层	指　标　项	指 标 含 义
便捷	综合票务出行人次	购买 MaaS 车票出行人次情况
	发车时刻表衔接率	参与 MaaS 服务的不同交通运输模式间发车时刻表衔接情况
	平均换乘距离	城市交通枢纽内不同交通方式之间的换乘距离平均值

3. 高效性指标

高效性指标表征的是乘客出行效率和企业运营组织效率。乘客方面,主要通过乘客平均出行总时间指标来度量;企业方面,主要通过日常应急响应时间和企业发车计划智能化水平等指标来度量。其中,异常情况下企业临时调度应急能力主要通过异常情况下各交通方式响应时间来度量,具体指标定义见表5-10。

高效性指标 表5-10

准则层	指标项	指标含义
高效	乘客平均出行时间	单位乘客从出发地到目的地出行链花费的总出行时间,包括购票、排队、取票、候车、换乘、安检、检票、乘车等时间
	日常应急响应时间	日常情况下,如交通拥堵、客流拥挤等,各交通方式从接收通知的时间到到达现场的时间差
	企业发车计划智能化水平	运营企业根据乘客需求利用智能化科学智能地编制或调整发车计划情况

4. 绿色低碳指标

绿色低碳指标表征的是人们绿色出行和绿色交通发展,主要通过公共交通机动化出行分担率、小汽车转移量、定制公交/响应式公交服务普及率等指标来度量,具体指标定义见表5-11。

绿色低碳指标 表5-11

准则层	指标项	指标含义
绿色	公共交通机动化出行分担率	城市出行方式中,选择公共交通的出行量占机动化出行方式出行量的比例
	小汽车转移量	拥有私人小汽车的MaaS用户占所有总使用数比例
	定制公交/响应式公交服务普及率	公交企业开通的定制公交/响应式公交服务线路数量与总线路数量的比例

5. 经济性指标

经济性指标表征的是乘客出行成本、联程客运服务系统运营成本和系统综合效益，重点考察人均出行支出费用、联程客运服务系统单位人次运营成本、交通系统客运量、交通系统主营业务收入等指标，具体指标定义见表5-12。

经济性指标　　表5-12

准则层	指标项	指标含义
经济	人均出行支出费用	单位乘客MaaS出行年均支出费用
	系统单位人次运营成本	MaaS系统平均每运送一位乘客的运营成本
	交通系统客运量	不同交通方式的客运量情况，包括城市内交通方式，如公共交通(公交、轨道)、出租汽车、共享汽车等和城际交通方式，如铁路、水运和长途公共汽车等
	交通系统主营业务收入	不同交通方式通过主营业务获得的收入情况(不包括补贴收入)

第六章 我国MaaS发展路径探索

第一节 发展路径探讨

近年来，互联网技术在交通运输领域的不断深化应用，促进了交通运输各主体、各环节、各要素间的信息对称性，使得交通运输，尤其是出行服务领域发生了翻天覆地的变化，从网约车开始，到顺风车、共享单车、共享电动车、定制公交、共享汽车、分时租赁等新业态、新模式层出不穷，快速迭代发展。

2015 年，在欧盟诞生的 MaaS 理念，使得共享出行迈入一个新的发展阶段，其核心是在精准理解用户出行需求基础上，通过将各种运输方式整合在统一的服务体系中，充分利用大数据技术最优调配资源，最大限度满足不同出行需求的一体化出行服务生态，并基于智能终端为用户提供一体化出行的规划、预订、支付、清分、评价等服务，其目的是通过提高公共客运系统的服务水平来尽可能减少公众对私人小汽车出行的依赖，进而达到促进全社会绿色出行的目的，目前该理念已得到全球运输领域的普遍认同，《交通强国建设纲要》也提出了“打造基于移动智能终端技术的服务系统，实现出行即服务”的明确要求，为加快出行服务从“走得了”向“走得好”转变指明了方向。

尽管 MaaS 理念已受到全球各国交通运输领域的普遍认可，但由于 MaaS 生态体系将涵盖各类运输服务提供商、MaaS 服务运营商、不同偏好的用户类型、相关政府主管部门、空间信息服务商、身份认证及支付服务商、ICT 信息技术提供商、消费服务提供商等不同的参与主体，不同的交通运输服务模式，其管理主体、运营主体、票制票价、购票及验票、财政补贴、身份认证、安全检查、运营信息开放共享程度等都存在不同程度的差异性和特点，同时业务及技术链条将涵盖出行需求的精准感知与预测、多模式运力资源的协同运营调度、出行方案生成及动态规划、多模式组合出行价格生成及票务清分、一票式聚合支付、全链条精准动态信息服务、各主体行为与信用监管、MaaS 商业模式等诸多内容，其核心在于不同维度的整合，根据整合程度的不同，MaaS 的发展将呈现不同的服务等级与发展阶段，为构建适应于不同发展阶段的我国 MaaS 服务技术体系，推动 MaaS 在我国的有序发展，迫切需要开展 MaaS 发展路径方面的探索研究。

为科学研究确定 MaaS 发展阶段，在交通运输部相关科技计划的支持下，针对我国所有的公共客运服务模式，从城市公共客运如公交、城市轨道交通、出租汽车、轮渡、公共自行车、分时租赁、网约车、顺风车到城乡公共客运，如农村客运班线、再到涉及城际乃至跨境出行的长途客运班线、旅游班线、普通铁路、高速铁路、民航等，从管理体制、运营机制、票制票价、票务清分、财政补贴、购票及验票、身份认证及安全检查、运营信息对外开放共享程度等与一体化 MaaS 服务相关的各环节、各要素等均进行了研究分析，形成了如表 6-1 所示的我国公共客运运营管理服务体系发展现状。

根据 MaaS 定义以及 MaaS 生态体系框架设计，结合交通运输领域共享化、电动化、网联化以及高新信息技术的发展趋势，本书从基础能力研究、关键技术研发、综合应用示范、战略合作伙伴关系建设等四大方面探索提出了我国未来一段时间（10 年）MaaS 发展战略的技术路径（图 6-1），其中基础能力研究方面侧重于概念特征、体系框架、体制机制、标准规范等软能力建设；关键技术研发方面涉及出行需求监测与辨识、多模式运力资源协同调度、出行路径规划、价格生成与票务清分、身份认证与聚合支付、动态信息服务等方面的软硬件系统研发；综合应用示范方面着重从不同运输方式的整合程度以及示范区的地理空间尺度两个维度进行路径探讨；战略合作伙伴关系拓展方面着重于产学研用结合的 MaaS 联盟的建立、商业模式与公司合作伙伴关系以及国内外学术交流等。

表 6-1 我国公共客运运营管理服务体系现状

现状特征	城市客运								农村、城际与跨境客运					
									农村或长途客运			铁路客运		民航
	公交（BRT）	地铁（有轨电车）	轮渡	出租汽车	共享单车	顺风车	分时租赁	网约车	农村客车	长途客运	旅游客车	普通铁路	高速铁路	
平均运营速度（km/h）	20	40	15	60	12	60	60	60	60	80	80	160	300/350	600/800
国家管理机构	交通运输部											交通运输部下辖国家铁路局		交通运输部下辖中国民用航空局
地方管理机构	省、区、市交通运输厅（委、局）													
运输服务企业	公交公司	地铁公司	轮渡公司	出租公司	自行车公司	互联网运营平台	分时租赁公司（Gofun、曹操专车等）	网约车公司（滴滴等）	农村客运运输服务公司	长途客运公司	旅游运输服务公司	中国铁路总公司		民用航空公司
票价定价机构	地方物价局			互联网公司自行定价					地方物价局			国家发改委与中国铁路总公司		国家发改委与中国民用航空局
是否有政府补贴	有	有	有	无	无	无	无	无	有	无	无	有	无	无

续上表

现状特征	城市客运								农村、城际与跨境客运					
									农村或长途客运			铁路客运		民航
	公交（BRT）	地铁（有轨电车）	轮渡	出租汽车	共享单车	顺风车	分时租赁	网约车	农村客车	长途客运	旅游客车	普通铁路	高速铁路	
购(订)票方式	预存、随走随购(付)	预存、随走随购(付)	随走随购（付）	随走随付	随走随付	随走随付	随走随付	随走随付	预存、随走随购（付）	提前预定或现场购买	提前预定或现场购买	提前预定或现场购买		
票务结算方式	乘车后	乘车后	乘车后	乘车后	乘车后	乘车后	乘车后	乘车后	乘车后	乘车前	乘车前	乘车前	乘车前	乘车前
支付方式	现金/IC 卡/银行卡/NFC/基于账户的二维码移动支付				基于账户的互联网移动支付（蚂蚁金服/微信支付）				现金/IC 卡/银行卡/NFC/基于账户的互联网移动支付			现金/信用卡/基于账户的互联网移动支付		
是否需要身份认证	不需要(老人、学生特殊优惠人群除外)			不需要	需要				不需要（特殊人群除外）	需要	不需要	需要		
身份认证方式	如果需要,通过实名认证 IC 卡方式			不需要	基于实名注册 APP 账户(IC 卡账户)				如需要，实名认证 IC 卡	预定乘车时实名证明	不需要	预订和乘坐时需提供实名身份证明		
运营信息共享程度	路线,时刻表,站点,价格和 AVL 数据			不共享	不对外共享				不共享	线路、班次、价格、座位预订	不共享	班次时刻表、价格、座位预订		
安全检查	不需要	需要	不需要	不需要	不需要	不需要	不需要	不需要	不需要	需要	不需要	需要	需要	需要

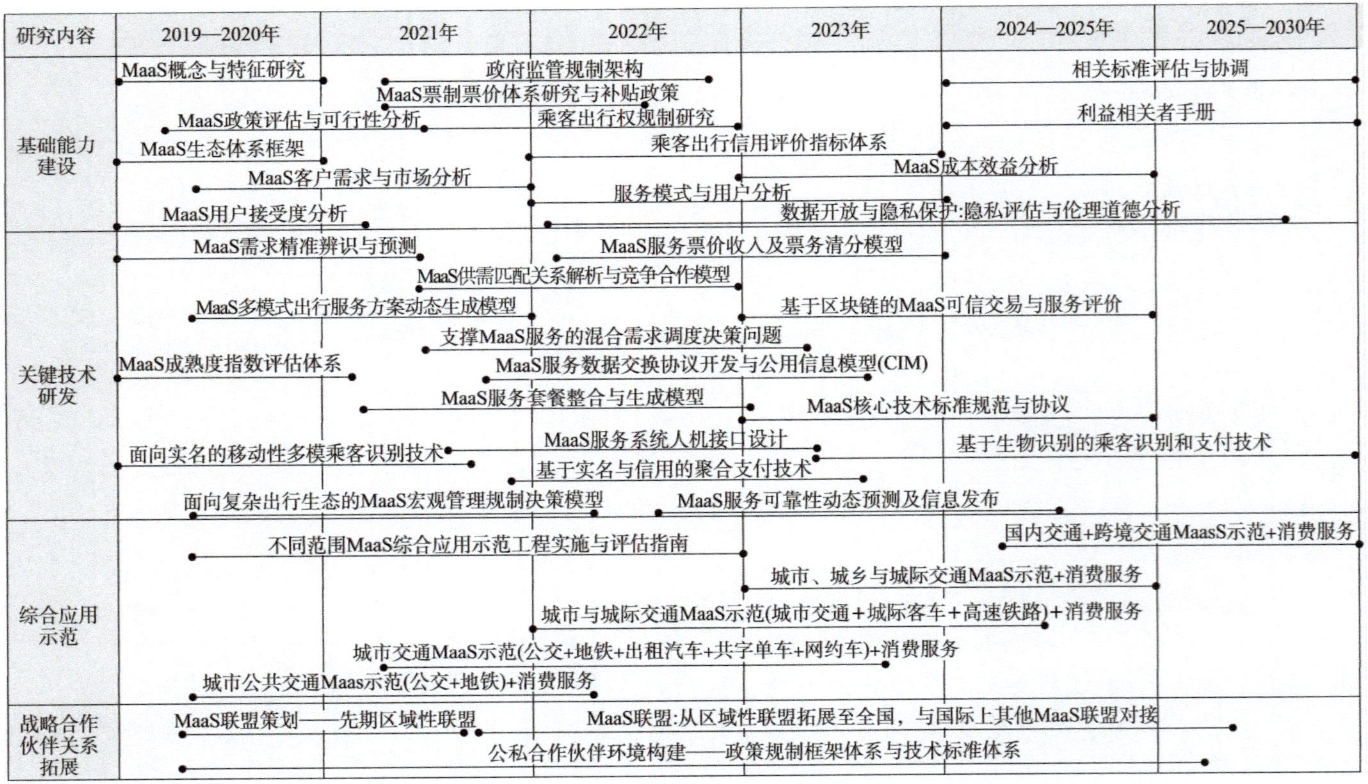

研究内容	2019—2020年	2021年	2022年	2023年	2024—2025年	2025—2030年

基础能力建设

- MaaS概念与特征研究
- 政府监管规制架构
- MaaS票制票价体系研究与补贴政策
- MaaS政策评估与可行性分析
- 乘客出行权规制研究
- 相关标准评估与协调
- 利益相关者手册
- MaaS生态体系框架
- 乘客出行信用评价指标体系
- MaaS成本效益分析
- MaaS客户需求与市场分析
- 服务模式与用户分析
- MaaS用户接受度分析
- 数据开放与隐私保护:隐私评估与伦理道德分析

关键技术研发

- MaaS需求精准辨识与预测
- MaaS服务票价收入及票务清分模型
- MaaS供需匹配关系解析与竞争合作模型
- MaaS多模式出行服务方案动态生成模型
- 基于区块链的MaaS可信交易与服务评价
- 支撑MaaS服务的混合需求调度决策问题
- MaaS成熟度指数评估体系
- MaaS服务数据交换协议开发与公用信息模型(CIM)
- MaaS服务套餐整合与生成模型
- MaaS核心技术标准规范与协议
- MaaS服务系统人机接口设计
- 面向实名的移动性多模乘客识别技术
- 基于生物识别的乘客识别和支付技术
- 基于实名与信用的聚合支付技术
- 面向复杂出行生态的MaaS宏观管理规制决策模型
- MaaS服务可靠性动态预测及信息发布

综合应用示范

- 国内交通+跨境交通MaasS示范+消费服务
- 不同范围MaaS综合应用示范工程实施与评估指南
- 城市、城乡与城际交通MaaS示范+消费服务
- 城市与城际交通MaaS示范(城市交通+城际客车+高速铁路)+消费服务
- 城市交通MaaS示范(公交+地铁+出租汽车+共享单车+网约车)+消费服务
- 城市公共交通Maas示范(公交+地铁)+消费服务

战略合作伙伴关系拓展

- MaaS联盟策划——先期区域性联盟
- MaaS联盟:从区域性联盟拓展至全国，与国际上其他MaaS联盟对接
- 公私合作伙伴环境构建——政策规制框架体系与技术标准体系

图 6-1　我国 MaaS 发展战略研究计划路线图

第二节 基础能力建设

作为互联网技术在交通运输领域快速渗透下所衍生出的新出行服务理念，MaaS 以人为中心的门到门间多运输方式高度整合的特点，与传统的各运输服务方式各自独立对外提供服务相比，MaaS 出行服务系统的基本特征、内涵外延、运行机制、竞合模式、监管机制等均会有较大的差别，有必要分阶段系统性开展基础能力方面的研究，着重体现为如下(但不限于)相关方面：

一、概念及体系框架阶段

1. MaaS 概念及特征

MaaS 自诞生以来，虽然理念已经被广泛接受，但目前在概念上并没有一个非常一致的定义，全球的相关科研院所、协会学会、咨询公司、产业联盟、互联网公司目前均在对其概念与内涵、基本特征进行探索。就国内而言，自 MaaS 理念在我国被认识以来，由于缺乏统一明确的定义，目前国内各界对其概念及特征的认识也有较大差距，不利于 MaaS 的应用和发展，需进行深化研究，并对 MaaS 在城市、农村、综合运输、跨境运输等不同地域范围内的特征进一步研究明确。

2. MaaS 生态体系框架

从广义上而言，MaaS 既是一种理念，更是一个生态系统，与 MaaS 概念及特征状况一样，目前国际上各相关机构均在进行 MaaS 生态体系框架的探索，尚未形成明确统一的体系框架。本书编者也就体系框架进行了前期探索，目前初步形成了核心业务层、业务支撑层、业务拓展层，但尚未对各层内部、层与层之间的核心业务逻辑进一步明确，未来有待深化研究。

3. MaaS 服务等级划分

受各地政策法制环境、各运输方式的服务成熟度、各类技术条件、数据及市场开放程度、人们出行理念等方面的差异，MaaS 在各地的发展和应用将呈现出不同的状态，有必要根据上述相关因素研究确定 MaaS 服务等级的评价指标体系与评价模型，以此作为各地推进 MaaS 阶段性发展和应用的理论依据与行动指南。

二、成熟度评估阶段

1. MaaS 用户接受度分析

用户是 MaaS 服务的核心，不同的用户个体由于其性别、年龄、收入、职业、对舒适性偏好等个体主观属性以及出行时间、票务费用、安全状态、便捷程度等客观条件方面的差异，使得不同用户对于 MaaS 服务存在较大的差异，同时不同群体对于新的出行模式、智能科技的应用、涉及个人隐私数据等方面也存在差异，从而各地在开展 MaaS 建设实施前须进行 MaaS 用户接受度方面的调查分析。

2. MaaS 政策法规可行性评估

MaaS 将重构传统的运输服务模式，将对传统相对独立的各单一运输模式的发展规划、服务组织、运营管理、票务体系、补贴模式、服务质量考核方式、数据开放与信息安全等方面均造成不同程度的影响，各地在开展 MaaS 实施前须对政策法规可行性进行评估。

3. MaaS 用户权利研究

作为广义的公共运输模式，MaaS 服务体系构建过程中须充分考虑用户在不同出行阶段的权利，尤其是需要注重所有用户的公平不受歧视权利、行动不便人的无障碍行动权、服务购买之前及出行过程中各个阶段(尤其是服务收到干扰或中断情况下)的知情权、未按计划出行时有权变更甚至放弃的权利、服务购买后服务受到何种程度影响后与之相应的索赔的权利等。

三、发展环境重构阶段

1. 面向 MaaS 的监管规制体系重构

在政策法规可行性评估基础上，有必要从 MaaS 生态体系中各参与主体出发，根据各参与主体在体系中的定位及责权利关系，从服务质量、票制票价、补贴模式、数据开放及数据权属、各主体行为信用、隐私保护等方面重构监管规制体系。

2. MaaS 票价及补贴政策

与传统的各运输模式独立运营组织相比，MaaS 将涉及门到门间不同运输模式组合出行的一票式价格定价、面向不同群体的套餐定价以及涉及组合出行中不同运输模式的补贴差异性问题，各地在实施 MaaS 前须根据发展目标开展相关政策的调整工作。

3. MaaS 信用评价体系

信用是指依附在人之间、单位之间和商品交易之间形成的一种相互信任的生产关系和社会关系。信用不仅是个体行为，而且是发生在授信人和受信人之间的社会关系。信用交通建设已经成为交通运输治理体系和治理能力现代化的重要组成部分，是建设交通强国的有力支撑。由于 MaaS 体系中不同的利益相关者之间会存在诸多的业务关系，从而会产生诸多信用相关的业务，为构建良好的 MaaS 发展环境，需针对一站式出行服务生态体系中的各利益相关者，构建涵盖各利益相关者在运营、调度、管理、出行等全业务链条中的信用评价指标体系，提出基于大数据画像技术的多主体全链信用评价方法，实现 MaaS 服务模式下各类主体的行为监测管理与评价。

4. MaaS 运营模式及市场分析

为保障 MaaS 体系在经营上的健康可持续发展，各地在实施 MaaS 前须根据各地情况开展运营模式研究，不同的城市由于其城市规模、经济条件、各运输模式所有制形式、运输服务市场成熟度、监管规章制度、公众可接受程度存在较大差异，从而 MaaS 运营模式也应有所区别。

四、效果评估与能力传播阶段

1. MaaS 社会经济效益评估

为推进 MaaS 不断发展，在 MaaS 实施过程中，需研究构建社会经济效益评估指标体系与评估模型，围绕安全、便捷、舒适、可靠、经济、低碳等多个方面动态开展 MaaS 社会经济效益评估，一方面可与传统的模式进行横向比较，另一方面可就 MaaS 体系不同发展阶段取得的成绩和存在的问题进行纵向对比，进而不断改进。

2. MaaS 标准规范体系

MaaS 生态体系将涉及诸多的利益相关者与业务关系，组合出行服务过程中不同的主体间（如用户与 MaaS 服务运营商、MaaS 服务运营商与各运输服务商、用户与各运输服务提供商、用户与监管部门、监管部门与 MaaS 服务运营商及运输服务提供商等）将产生较多较复杂的业务关系，并在服务提供的诸多链条（运营组织、协同调度、身份认证、聚合支付、信息服务）中须涉及诸多的功能接口、数据协议、交互界面等内容，同时 MaaS 还涉及不同空间范围（城市内、城乡间、城市间、跨境等)的服务衔接问题,为提升MaaS服务在不同模式及空间范围的延展性,须动态开展标准体系研究、关键标准的评估与协调。

3. MaaS利益相关者手册(指南)

根据MaaS的特征及内涵,MaaS既是一种理念,更是一种出行服务的生态体系,与传统各运输模式独立对外提供服务相比,MaaS拥有更为广泛的利益相关者以及更为复杂的利益链条,且随着MaaS的实施将不断增加,为了构建各利益相关者之间有序的协作关系,各地在实施MaaS的不同阶段需建立与该阶段发展相适应的MaaS利益相关者手册。

第三节　关键技术研发

除了上述基础能力方面研究外,随着物联网、移动互联网、云计算、区块链、人工智能、地图导航等各类现代高新信息技术的发展,MaaS在不断发展和应用过程中将面临诸多新的发展机会,同时也将面临诸多新的技术问题,如影响MaaS供需匹配关系的主要因素是什么,如何快速准确地把握不同群体的需求,如何促进大容量集约化公共交通与需求响应式灵活型网约化个体运输服务资源间的协同柔性调度,如何在全链条出行过程中确保可靠的服务并及时进行信息服务,针对不同类型的群体应该提供什么价位的产品才能确保财务的可持续运转,如何在MaaS服务体系下让不同的交通服务方式间保持良性的竞争与合作关系,MaaS服务体系中的用户(社会)、企业(市场)、政府(监管)等多元交通主体应该遵守什么样的准则体系,生物识别技术的快速发展如何在MaaS全链出行的身份认证中以何种形式发挥作用,如何评价MaaS体系的服务效能等诸多问题,因此需要与时俱进开展相关关键技术的研发。根据上述章节对MaaS特征内涵、体系框架、国际典型案例等方面的描述,MaaS未来一段时间可能会存在如下(但不限于)关键技术问题需要进行重点突破。

一、供需匹配与竞争合作

1. 出行需求精准辨识与预测

如何快速精准辨识并预测出行需求一直以来是交通运输领域的经典学术热点问题,MaaS所提倡的以人为中心的服务理念对需求辨识与预测提出了更高的要求。随着近年来交通运输领域新业态尤其是网约化、共享化、个性化出行模式的快速发展,使得经典四阶段法在需求预测方面存在越来越多的局限性,未来需针对出行者显式与隐式出行特征,更多考虑如何应用广域大数据(传统交通数据融合社交数据)实现全方式出行本征辨识,实现对出行者显、隐式特征的精准刻画,揭示出行服务新模式下的需求演变机理,进而实现出行者全方式出行链以及动态多因素作用下的出行 OD 精准预测。

2. MaaS 供需匹配关系解析

掌握 MaaS 理念下不同用户群体的出行偏好以及不同出行服务方式的协同发展意愿是建立 MaaS 服务体系的基础,为此应着重加强 MaaS 供需匹配关系研究。一方面需从主观(性别、年龄、收入、职业等个体属性及舒适度等偏好需求)和客观(出行时间、费用、安全、便捷程度等供给服务水平)等不同维度定量定性分析 MaaS 体系下不同群体出行偏好影响因素、程度及其相互关系,建立出行需求本征集;另一方面需深入分析 MaaS 出行服务体系下不同服务方式间竞争与协同发展的主要影响因素,尤其是 MaaS 理念对各出行服务方式可能带来的潜在影响,进而形成协同供给因素集;在此基础上,面向不同出行服务方式,提出涵盖时空服务能力(容量、速度、舒适度、覆盖率、可靠性等)、权属特点(公有、私营、是否共享)、时空集约性(时间、空间、运力资源的共享形态)等因素在内的全链条出行服务方案融合分类方法,解析 MaaS 主客体供需匹配关系。

3. MaaS 多主体竞争合作模型

MaaS 宗旨是多模式协同的一体化服务,但是不同类别的交通服务方式为了争取更多的客流,各交通服务方式间会存在竞争,定量解析 MaaS 不同类别出行服务间的竞争合作机理是建立科学运行准则体系的前提。因此有必要针对不同出行服务类别,建立涵盖服务能力、权属特征、共享形态、时空集约性等特征在内的效用函数,基于博弈均衡理论构建不同类别服务间的竞争合作模型,可依托调查分析及典型城市的案例数据,通过数理分析方法对不同类别间的竞合模型进求解和参数标定,进而解析不同类别服务各要素间的内在联系以及竞合机理,为 MaaS 运行准则体系的建立奠定基础。

二、方案生成与协同服务

1. MaaS 出行方案动态生成

在个体出行需求精准感知与预测基础上,研究兼顾群体共性与个体特性、综合考虑全链条运营成本与价格、能源消耗强度、用户群体时空约束条件等各要素在内的全链条多模式出行链路生成技术,在考虑群体运输社会效益最大化基础上尽可能满足个体出行需求。

2. 支撑 MaaS 服务的多运输方式柔性组织决策

混合固定与响应式需求的一站式出行服务,需要面对通行状态变化、客流需求波动的随机干扰,运输链的弹性不足会导致运输链断裂甚至大面积失效。为此,需要将柔性和混合需求运输组织问题相结合,研究协同固定型服务和响应型服务的多方式运输柔性组织决策方法,平衡系统的服务鲁棒性与运输成本目标。其中最重要的是面向枢纽、走廊、区域三个层级的运能规模决策,以及多模式的衔接时间参数决策。

3. 支撑 MaaS 服务的混合需求调度决策问题

MaaS 服务将混合固定服务、响应服务、共享服务等多种模式,且面向统一订单池合作完成运输服务链,要确保一站式出行服务运输大系统稳定运行,需要通过协同调度应对常态和非常态事件对系统造成的运行干扰。为此,需要设计有学习能力的决策模型,结合状态特征及状态化趋势选取有效的运力调整策略。

4. MaaS 身份认证与聚合支付

商业化客运交通服务的本质是以一定的价格向用户提供与价格相匹配的服务,在服务过程中需要准确辨识谁(Who)在何时(When)何地(Where)乘坐何种(Which)交通方式到达何处(Where),进而根据所选择的出行方式、出行距离、按照约定的定价模式完成出行服务的购买,其中一个很重要的因素是辨识人的身份,随着信息技术与个人电子身份信息技术的发展,已经历了人工识别、IC 卡登记、基于手机实名制的二维码、基于 AI 的人脸识别与身份匹配的生物识别技术等发展阶段,基于智能手机和生物识别的身份认证将成为 MaaS 服务中的主流认证手段,其中生物识别模式的适应性有待进一步跟踪研究。关于支付方面,也经历了由现金、IC 卡、移动互联扫码、基于信用的先乘坐后支付等发展阶段,随着信用体系的逐步完善,MaaS 套餐账户服务的逐步普及,基于实名认证的信用支付可能会成为 MaaS 时代的主流,但其适应性有待进一步跟踪研究。

5. MaaS 服务可靠性动态预测及信息发布

MaaS 服务的关键是针对每一个出行个体提供可靠的服务并及时发布精准的服务信息,由于 MaaS 出行服务全链多模式整合的特点,除单一模式外,同时还需要考虑不同模式在时空协同中的可靠性及传递问题,其本质是系统研究并建立个体出行行为本征与信息服务的交互反馈机制,实现全出行链条各运输模式(公交、地铁、出租汽车、自行车、网约车、停车、充电等)间以及各运输模式的全业务链条间(运营计划、车辆位置、支付方式、票价体系等)乘客与出行服务体系的信息对称性。

三、宏观管理决策与规制

1. MaaS 宏观管理决策模型

为构建健康可持续运转的 MaaS 服务体系,需面向需求、供给、监管等各 MaaS 参与主体建立协同运行的基本准则体系。为此,以服务链(涵盖服务的规划、运营、组织、提供、购买与监管)为主线,按照各主体在 MaaS 体系中的定位,根据不同用户群体、不同出行服务类别的偏好调查结果以及各出行服务类别竞合机理,围绕各主体的需求、目标、流程、职责等范畴,基于多智能体与 AHP 方法研究构建多主体业务协同的宏观管理决策模型,提出各主体的基本准则。

2. MaaS 套餐价格生成及票务清分问题

针对一站式出行服务新模式下传统固定运输模式与灵活需求响应型运输模式所形成的全链混合型出行模式,有必要综合考虑各类运输服务企业运营成本、政府财政补贴承受能力、乘客对需求的偏好及支付意愿等因素,开展多主体一站式混合需求多模式成本价格模型与套餐价格生成研究。

3. MaaS 可信交易与服务评价问题

MaaS 服务体系中不同利益相关者之间将涉及数据资源交换、票务清分、票据流转、全链多模式服务评价等业务及利益关系,这些均直接关系到各参与主体的切身利益,有必要构建一个各方可信的交易环境,基于区块链技术的特点,可考虑研究基于区块链的可信交易智能合约服务技术,用于各方数据资源的开放共享、票款收入的票务清分与资金分配、全链不同环节的服务评价等的公平、公开、透明。

四、数据接口及人机交互

1. 支撑 MaaS 数据交换的公用信息模型(CIM)

MaaS 服务体系将涵盖不同运输方式的运营计划、实时调度、票务票价、线路站点、时刻表、身份认证、支付、评价等全链条,针对“互联网 +”环境下移动支付技术与共享出行快速发展所带来多主体间数据共享意愿低、信息整合程度弱、准确性参差不齐、多模式个体全链出行精准信息服务弱、数据资源体系不健全等突出问题，需要以乘客全链出行服务为主线，研究构建涵盖数据规划、建模、采集、分发、监控、运维于一体的多主体公用信息模型，为各模式、各业务链条的无缝衔接提供数据标准基础。

2. MaaS 人机交互设计问题

MaaS 的诞生源于个人智能移动终端的普及以及移动互联网技术的快速发展，在 MaaS 服务模式下，智能移动终端 MaaS 服务 APP 将是链接用户与 MaaS 服务平台及各利益相关者的重要载体和入口，MaaS 服务平台通过智能终端 APP 将为用户提供一体化出行的规划、预订、支付、清分、评价等各项服务，是实现用户与平台各方进行信息交流的关键，由于用户群体差异性较大，基于 MaaS 用户权利，需充分考虑人机交互问题。

第四节　综合应用示范

伴随着上述基础能力建设与关键技术研发的不断深入，为推动 MaaS 服务范围的不断延伸、服务能力的不断深化，须分阶段开展 MaaS 应用示范工作。通过对我国公共客运服务体系运营管理服务发展现状的调研梳理，结合各种公共客运服务方式空间服务范畴特点、不同行政管理层级、不同运输模式整合的复杂程度，我国 MaaS 发展可从五个层级开展相关应用示范（图 6-2）。

	层级一	层级二	层级三	层级四	层级五
交通运输服务	公共交通	城市客运	城际道路客运	城际客运	跨境客运
	公交 地铁 水上巴士	出租汽车　共享单车 停车　分时租赁 网约车　定制公交	农村客车 班线客运 旅游包车	民航客运 铁路客运	国际铁路客运 国际民航客运 国际道路客运
		城乡、城际网约车			
信息支撑	通信服务　空间定位　地图服务　计算资源　存储资源　网络安全				
商业	交通+旅游　交通+消费　旅游景点　餐厅酒吧　电影院　旅馆　博物馆				
政策环境	票价制度　信任体系　绿色积分　数据开放共享　信息安全　隐私保护				

图 6-2　不同层级综合应用示范

层级一重点围绕公交、城市轨道交通等城市公共交通；层级二可延伸至整个城市交通，除公交、城市轨道交通外，可涵盖出租汽车、网约车、共享单车、定制公交、微出行等；层级三可由城市交通延伸至城乡和城际道路客运；层级四可进一步延伸到铁路和民航客运；层级五可伴随着改革开放和“一带一路”倡议的逐步深入，拓展到跨境国际客运。不同层级的综合应用示范过程中，需编制应用示范工程建设指南，明确各层级的建设目标、建设内容、工程边界、绩效评估指标体系等内容。

同时，人们出行都有较强的目的性，出行在很大程度上与就业、上学、就医以及旅游、餐饮、购物、娱乐等各类消费活动关联在一起，为提高 MaaS 服务的黏性，在各层级 MaaS 服务的整合与应用示范过程中，可推动 MaaS 服务与各类消费服务的深度融合与协同发展（图 6-3），进而可衍生出较多的商业模式，尤其是非公有模式的出行服务过程中。

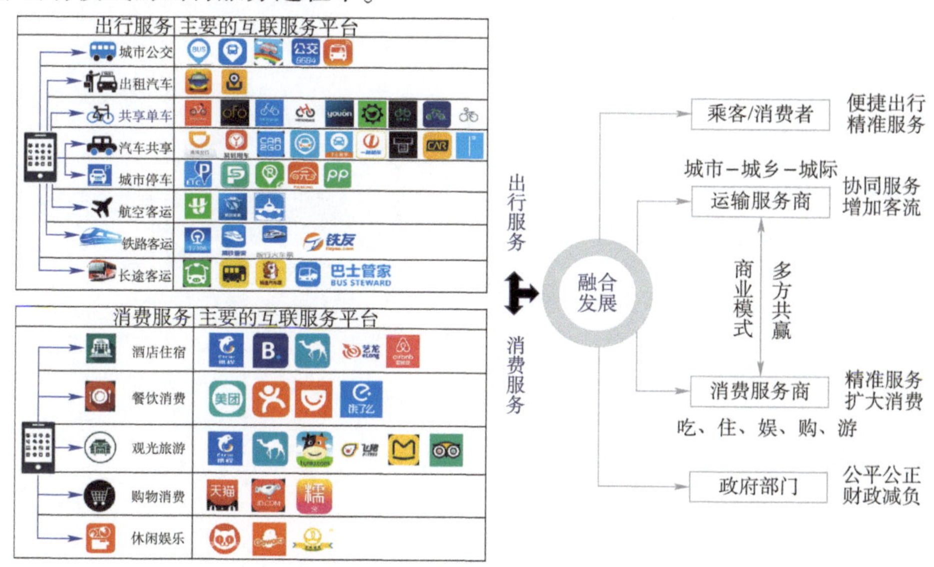

图 6-3 MaaS 出行服务与消费服务融合

第五节 战略伙伴关系

在数字化革命的大背景下，MaaS 模式的出现将影响着人们的出行方式、企业的发展战略、行业的模式变革、区域或城市的整体规划等方方面面，并将充分融合社会的出行、旅游、消费、信息、智力等各类资源，MaaS 应用将推动各利益相关者逐步进化成合作共赢的数字生态系统。为推动 MaaS 的蓬勃发展,未来需持续构建广泛的战略合作伙伴关系,具体可从如下几个维度来开展。

示范引领阶段:在示范区构建涵盖政府、产业、学术、研究、应用等多部门参与的科技示范创新联盟,重点攻克 MaaS 从概念到现实应用将面临的理论模型、关键技术、政策环境、体制机制、标准规范等可行性问题,为大范围推广应用奠定政产学研用的创新引领基础。

推广应用阶段:从城市、区域(城市群、城市圈)、国家等不同层级推进构建 MaaS 发展的产业应用联盟,重点开展商业模式的创新、构建良好的政企与公私合作伙伴关系、促进形成广泛的产业合作生态体系,并与国际 MaaS 联盟等机构广泛交流合作。

第七章 总 结

交通与互联网融合发展有利于方便旅客出行、优化资源配置、提高综合效率,也是培育交通发展新动能、提升发展水平的重要途径。我国拥有全球最大的出行市场,MaaS 作为一种“门到门”不同交通模式高度整合的出行服务,在我国具有广泛的市场前景。但是,由于 MaaS 涉及众多的利益主体,在政策规制、服务系统规划、出行数据与信息、服务提供与运营以及出行服务商业运营等方面还面临诸多挑战和课题亟待研究。

第一节 出行相关的政策规制

在政策法规制定的同时,还需配套相关的体制、机制,促进不同交通模式规划、运营、管理、服务环节的有效衔接和整合,实现不同监管机构间的业务协同,构建“门到门”出行绩效评价机制等,正确规范、改善 MaaS 发展相关市场环境。

近年来,“互联网 +”的快速发展“颠覆”了一些交通出行的传统业态形式。2011 年开始,交通运输部即认识到这一形势,在汽车租赁、出租汽车电召、手机软件召车等方面相继发布通知,促进其健康、规范、有序发展;2015 年开始,交通运输部起草并发布《城市公共交通“十三五”发展纲要》,提出发展定制公交等个性化、差异化服务;国务院办公厅印发《关于深化改革推进出租汽车行业健康发展的指导意见》、交通运输部等七部门颁布《网络预约出租汽车经营服务管理暂行办法》等,现行的管理制度开始逐步向适应交通新业态发展;2019—2020 年,我国陆续出台了多项政策支持出行即服务等新业态的发展,如 2019 年,中共中央、国务院印发《交通强国建设纲要》,国务院办公厅印发《国务院办公厅关于促进平台经济规范健康发展的指导意见》,交通运输部等十二部门印发《绿色出行行动计划 2019—2022 年》,交通运输部印发《数字交通发展规划纲要》《推进综合交通运输大数据发展行动纲要(2020—2025 年)》;2020 年,国务院办公厅印发《关于以新业态新模式引领新型消费加快发展的意见》、交通运输部印发《交通运输部关于推进交通运输治理体系和治理能力现代化若干问题的意见》。上述政策文件均不同程度提到了发展出行即服务,出行相关的法规、制度由逐步适应交通新业态向引领出行服务新模式的方向发展。欧洲目前在围绕出行的立法方面工作较多,以法国为例,《出行指导法》几近通过。芬兰等国家则加强数据相关的立法,支持出行即服务的发展。

在出行服务领域,过去政府市场监管偏重事前许可,目前和未来更多转向事中和事后监管。出行服务领域的规制将从供给主导向需求引导、从人适应系统向系统适应人的方向不断调整,通过减少烦琐的条款以及进一步放松对运输部门的管制,来为企业节省成本,发展出行即服务。

MaaS 发展的同时会带来不同方面的利益格局调整,如支付体系、运营体系以及监管体系等方面,急需制定相关的政策法规,鼓励新的模式并确定其合法性,明确各交通模式的发展定位,及时监管 MaaS 中存在安全、服务等问题。

第二节　出行服务系统规划

预测交通需求、配置交通网络设施资源是构筑交通系统的基础环节。目前的交通系统规划中,交通需求预测仍多以经典的四阶段需求预测模型为主,研究对象也多以确定型出行需求的宏观集计分析为主。随着个性化、共享出行模式的出行,数据条件的变化。目前的研究已开始基于大数据突破经典四阶段法在解决个性化出行需求预测方面的局限性,可以预见,出行即服务的发展,也将加快革新出行服务系统需求理论。

个性化、共享交通的发展,相对于固定需求服务模式——轨道交通、公交等,网约车、定制公交等可变需求服务模式对交通设施通行能力和运输组织提供了更高的要求。枢纽、站点、网络的通行能力增加了弹性需求因素,需要重新确定出行即服务模式下的设施通行能力,进而进行灵活的资源配置。

在轨道交通与城市公交协同组织调度的基础上,出行即服务更要考虑固定需求服务模式与混合固定及可变需求服务模式之间的运力柔性组织与协同调度问题。考虑不同服务模式在设施网、运输网之间的耦合问题。

第三节 出行服务数据与信息

在移动互联网以及实名制时代，信息安全是任何国家、政府、部门、行业都必须十分重视的问题，也是一个不容忽视的国家安全战略。发展 MaaS 必须建立完善的网络信息安全体系，加大对于出行者个人出行行为、账户资金等方面的信息安全保障。

数字经济时代，数据有效开放共享是将传统的运输服务转型为出行服务(MaaS)的关键所在。芬兰在 2018 年 1 月 1 日启用的新的交通法(The Transport Code)，强制要求所有的交通服务提供者开放数据并为第三方提供 API。2018 年第四届国际 MaaS 高峰论坛提出数据应“双向共享”而非“单向访问数据”。在双赢的模式中，公共交通服务提供商还应接收来自 MaaS 服务提供者的基本数据以优化其服务的供给。2019 年 12 月，交通运输部印发《推进综合交通运输大数据发展行动纲要(2020—2025 年)》，提出促进出行服务创新应用，鼓励各类市场主体培育出行即服务(MaaS)新模式，以数据衔接出行需求与服务资源。2019 年 11 月，党的十九届四中全会新闻发布会提出“健全劳动、资本、土地、知识、技术、管理和数据等生产要素按贡献参与分配的机制”。2020 年 4 月，中共中央、国务院印发《关于构建更加完善的要素市场化配置体制机制的意见》，提出“提升社会数据资源价值。培育数字经济新产业、新业态和新模式，支持构建农业、工业、交通、教育、安防、城市管理、公共资源交易等领域规范化数据开发利用的场景”等。可以预见，未来出行服务的发展首先是数据资源利用的发展。围绕数据采集、共享、交换仍有较大的制度完善空间。

现有交通运行状态监测体系封闭、社会资源利用不足。面向精准信息感知与服务，如何充分利用“互联网 +”时代交通新业态和社会大数据资源，基于数据交互共享与泛在提取技术，建立统筹全社会资源的交通运行精准感知资源图谱，研究交通运行状态精准感知机制及顶层框架设计是出行服务系统感知当前迫切需要解决的问题。面向出行即服务信息服务，充分挖掘交通运行规律，在城市综合交通运输资源短时预测和出行服务信息预报方法研究的基础上，构建道路网络、停车场等交通设施供给能力和公交、出租汽车、城市轨道交通等交通方式运输服务能力的短时预测模型，生成不同方式组合的行程时间可靠度信息，基于出行者画像提供给个性化交通预报和出行诱导信息服务，也将是出行即服务的重要技术发展方向。

第四节　出行服务提供与运营

MaaS 运营商的出现,增加了新的运营主体。不同出行需求、不同运营主体、不同管理主体等利益相关体,给城市交通各运输服务模式的管理体制、运营机制、票制票价、补贴制度、数据开放、信息安全、信用体系等范畴可持续运转带来多部门协同管理准则重构的新问题,MaaS 运营商与数据提供商、交通服务提供商之间需建立新的联盟服务协议。

为了推进 MaaS 科学发展,还需建立涵盖交通规划、设计、运营、服务等方面一体化标准规范体系,建立跨模式、跨领域移动支付体系和数据资源交换共享、应用服务平台接口等标准规范等,通过标准以及相关技术规范的实施,充分整合和引导 MaaS 相关利益体间社会资源。

为了提升 MaaS 相关行业的服务水平,还需构建涵盖不同的出行模式、出行距离、换乘次数、候车时间、乘车时间、排放量、出行费用等多种影响因素的"门到门"出行绩效评价体系,实行定期考核评价机制,深入推进、引导 MaaS 的可续性发展。

第五节　出行服务商业化模式

出行成为消费式服务,融于"吃、住、行、游、娱、购",给出行即服务带来新的商业机会,出行本身的公益性、经营性与生活情境融合,能够极大促进交通领域不断改进出行服务,带动出行服务相关的数据、信息、应用、软硬件等,以及金融、保险等产业的发展。出行即服务广义生态的构建将是出行服务发展的市场机遇。

然而,出行信息往往属于公共信息,MaaS 一站式出行服务又有较多的公共服务成分,从共享交通发展开始,为了快速抢占市场,在巨额社会资本投资的推动下,出现了共享交通平台公司向驾驶员和乘客提供高额补贴的反常现象,至今虽然一些运营主体存活下来,但仍处于巨额亏损,远没有达到应有的盈利水平。未来的 MaaS 一站式出行服务应告别"烧钱补贴"方式,以用户权益和服务体验为出发点,不断创新可持续的商业发展模式,建立并维护更加公平可持续的市场竞争秩序。

发展 MaaS 商业生态的同时,信用体系的建立和完善是 MaaS 发展不断走向成熟的重要标志之一。以相对完善的法律、法规体系为基础,建立和完善 MaaS 信用体系,包括 MaaS 各利益相关体信用积分制度与诚信黑名单制度,规范运输服务提供商、MaaS 服务运营商、数据提供商、管理者、消费者的行为,充分提高全民诚信意识和信用水平。

参考文献

[1] 中共中央 国务院. 关于印发《交通强国建设纲要》[A/OL]. [2019-09-19]. http://www.gov.cn/zhengce/2019-09/19/content_5431432.htm.

[2] 国务院. 关于城市优先发展公共交通的指导意见:国发〔2012〕64 号[A/OL]. [2013-01-05]. http://www.gov.cn/zwgk/2013-01/05/content_2304962.htm.

[3] 国务院. 关于积极推进"互联网 +"行动的指导意见:国发〔2015〕40 号. [A/OL]. [2015-07-01]. http://www.gov.cn/zhengce/content/2015-07/04/content_10002.htm.

[4] 国务院办公厅. 关于促进平台经济规范健康发展的指导意见:国办发〔2019〕38 号[A/OL]. [2019-08-01]. http://www.gov.cn/zhengce/content/2019-08/08/content_5419761.htm.

[5] 国务院办公厅. 关于加快推进社会信用体系建设构建以信用为基础的新型监管机制的指导意见:国办发〔2019〕35 号[A/OL]. [2019-07-16]. http://www.gov.cn/xinwen/2019-07/16/content_5410254.htm.

[6] 交通运输部. 关于印发《数字交通发展规划纲要》的通知:交规划发〔2019〕89 号[A/OL]. [2019-07-25]. http://xxgk.mot.gov.cn/2020/jigou/zhghs/202006/t20200630_3321233.html.

[7] 刘向龙,刘好德,杨新征,等. 中国出行即服务(MaaS)发展面临的机遇与挑战[C]. 2018 世界交通运输大会,2018.

[8] 刘向龙,刘好德,李香静,等. 中国出行即服务(MaaS)体系框架与发展路径[J]. 研究交通运输研究,2019,5(3):1-9.

[9] 李晔,王密,舒寒玉. 出行即服务(MaaS)系统研究综述[J]. 综合运输. 2018,40(9):56-65.

[10] 胡峰,黄伟. 基于"出行即服务"理念的城市公共交通系统变革[J]. 规划师. 2018, 34(11):101-107.

[11] 傅志寰,孙永福,翁孟勇,等. 交通强国战略研究[M]. 人民交通出版社股份有限公司,2019.

[12] 龙昱茜,石京,李瑞敏. MaaS 各国案例比较研究与应用前景分析[J]. 交通

工程, 2019,19(3):1-10.

[13] 张晓春. 深圳公交发展模式思考及 MaaS 探索[J]. 交通与港航. 2019,(4):5-11.

[14] 汪光焘,陈小鸿,叶建红,等. 城市交通治理现代化理论构架与方法初探[J]. 城市交通. 2020:1-14.

[15] 袁义欣,王芳,李冰阳,等. MaaS 对汽车企业战略与运营的影响分析[J]. 内燃机与配件, 2020,(6):187-188.

[16] 樊根耀,高原君,鲁利川. 共享出行的演化与创新[J]. 长安大学学报(社会科学版), 2020, 22(2):39-47.

[17] 日本国土交通旅游省. 日本 MaaS 的推进[EB/OL]. 2019. https://www.mlit. go. jp/sogoseisaku/japanmaas/promotion/index. html.

[18] Amalia Polydoropoulou, Ioanna Pagoni, Athena Tsirimpa. Prototype business models for Mobility-as-a-Service[J]. Transportation Research Part A: Policy and Practice, 2020,131:149-162.

[19] Arthur D. Little & UITP. Future of mobility 3.0[R]. 2018.

[20] Caitlin D. Cottrill. MaaS surveillance: Privacy considerations in mobility as a service[J]. Transportation Research Part A: Policy and Practice, 2020,131:50-57.

[21] Chinh Q. Ho, David A. Hensher, Corinne Mulley, et al. Potential uptake and willingness-to-pay for Mobility as a Service (MaaS): A stated choice study[J]. Transportation Research Part A: Policy and Practice, 2018, 117:302-318.

[22] Chris Bennetts. Accelerating Mobility as a Service For NSW. Transport for NSW[C]. 26th ITS World Congress, 2019.

[23] Christoffer Weckström, Milos N. Mladenovic, Waqar Ullah. User perspectives on emerging mobility services: Ex post analysis of Kutsuplus pilot. Research in Transportation Business & Management[J]. Special Issue on Mobility as a Service, 2018, 27: 84-97.

[24] Corinne Mulley, Chinh Ho, Camila Balbontin, et al. Mobility as a service in community transport in Australia: Can it provide a sustainable future? [J]. Transportation Research Part A: Policy and Practice, 2020,131: 107-122.

[25] David A. Hensher. Future bus transport contracts under a mobility as a service (MaaS) regime in the digital age: Are they likely to change[J]. Transportation

Research Part A, 2017 (98):86-96.

[26] Domokos Esztergár-Kiss, Tamás Kerényi. Creation of mobility packages based on the MaaS concept[J]. Travel Behaviour and Society, 2019.

[27] ERTICO-ITS Europe (2019), Mobility as a Service (MaaS) and Sustainable Urban Mobility Planning(SUMP)[R]. 2019.

[28] F Hirschhorn, A Paulsson, C Sørensen, et al. Public transport regimes and mobility as a service: Governance approaches in Amsterdam, Birmingham, and Helsinki[J]. Transportation Research Part A: Policy and Practice, 2019, 130:178-191.

[29] Francois Belletti, Alexandre M. Bayen. Privacy-preserving MaaS fleet management[J]. Transportation Research Part C, 2018 (94):270-287.

[30] Glenn Lyons, Paul Hammond, Kate Mackay. Reprint of: The importance of user perspective in the evolution of MaaS[J]. Transportation Research Part A: Policy and Practice, 2020,131:20-34.

[31] Göran Smith, Jana Sochor, I. C. Mari Anne Karlsson. Intermediary MaaS Integrators: A case study on hopes and fears[J]. Transportation Research Part A: Policy and Practice, 2020,131:163-177.

[32] Göran Smith, Jana Sochor, I. C. MariAnne Karlsson. Mobility as a Service: Development scenarios and implications for public transport[J]. Research in Transportation Economics, 2018, 69: 592-599.

[33] Heikki Liimatainen, MilošN. Mladenović. Understanding the complexity of mobility as a service. Research in Transportation Business & Management[J]. Special Issue on Mobility as a Service, 2018, 27:1-2.

[34] Henk Meurs, Fariya Sharmeen, Vincent Marchau, et al. Organizing integrated services in mobility-as-a-service systems: Principles of alliance formation applied to a MaaS-pilot in the Netherlands[J]. Transportation Research Part A: Policy and Practice, 2020,131: 178-195.

[35] Henrik Becker, Milos Balac, Francesco Ciari, et al. Axhausen. Assessing the welfare impacts of Shared Mobility and Mobility as a Service (MaaS) [J]. Transportation Research Part A: Policy and Practice, 2020,131:228-243.

[36] Holmberg, P-E., Collado, M., Sarasini, S., et al. Mobility as a Service-MaaS, Describing the framework[R]. Victoria Swedish ICT, RISE, 2016.

[37] I. C. M. Karlsson, D. Mukhtar-Landgren, G. Smith, et al. Development

and implementation of Mobility-as-a-Service-A qualitative study of barriers and enabling factors[J]. Transportation Research Part A: Policy and Practice, 2020,131:283-295.

[38] Ioanna Pagoni, Marco Gatto, Ioannis Tsouros, et al. Mobility-as-a-service: insights to policymakers and prospective MaaS operators[J]. Transportation Letters: The International Journal of Transportation Research, 2020.

[39] ITS Australia. MaaS Data Sharing Protocols[R]. 2020.

[40] Jan Schikofsky, Till Dannewald, Matthias Kowald. Exploring motivational mechanisms behind the intention to adopt mobility as a service (MaaS) Insights from Germany[J]. Transportation Research Part A: Policy and Practice, 2020,131: 296-312.

[41] Jana Sochor, Hans Arby, I. C. MariAnne Karlsson, et al. A topological approachto Mobility as a Service: A proposed tool for understanding requirements and effects, and for aiding the integration of societal goals. Research in Transportation Business & Management[J]. Special Issue on Mobility as a Service, 2018,27:3-14.

[42] Kate Pangbourne. Questioning mobility as a service: Unanticipated implications for society and governance[J] Transportation Research Part A: Policy and Practice, 2020,131:35-49.

[43] Laura Eiro. The Finnish Act on Transport Services-open data enabling innovation[C]. ITS Finland. ITS World Congress,2019:21-25.

[44] Li Xiangjing, Liu Xianglong, Yi Maomao, et al. Key fundamentals and evaluation of a thriving MaaS ecosystem in China[C]. Proceedings of the 19th COTA International Conference of Transportation Professionals,2019: 2375-2385.

[45] Liu Xianglong, Li Xiangjing, Liu Haode. State-of-the-Art: Opportunities and Challenges of Developing MaaS in China[C]. Proceedings of the 18th COTA International Conference of Transportation Professionals, 2019:1675-1682.

[46] Liu Xianglong, Li Xiangjing, Liu Haode, et al. An Innovative Business Model on the Integration of MaaS (Mobility as a service) and Consuming Service in China[C]. Proceedings of the 19th COTA International Conference of Transportation Professionals, 2019:2375-2385.

[47] MaaS Alliance. MaaS Alliance Vision Paper, Passenger Rights in Multimodal Transport[R]. MaaS Alliance, 2018.

[48] Marco Maréchal. Mobility as a Service (MaaS) do young people want to share their bike[C]. 25th ITS World Congress, 2018.

[49] Maria Kamargianni, Weibo Li, Melinda Matyas. A critical review of new mobility services for urban transport [J]. Transportation Research Procedia, 2016, 14 :3294-3303.

[50] Mark Streeting, Emma Edgar. Special Report on Mobility as a Service: The next transport disruption [R]. L. E. K. Consulting part with TTF and UITP, 2017.

[51] Maxime Audouin, Matthias Finger. The development of Mobility-as-a-Service in the Helsinki metropolitan area: A multi-level governance analysis. Research in Transportation Business & Management [J]. Special Issue on Mobility as a Service, 2018, 27:24-35.

[52] Meunier, D. Mobility Practices, Value of Time and Transport Appraisal[C]. OECD Publishing, 2020.

[53] Melinda Mayas, Maria Kamargianni. Survey design for exploring demand for Mobility as a Service plans[J]. Transportation, 2018, 46 (5) :1525-1558.

[54] Melinda Mayas, Maria Kamargianni. The potential of mobility as a service bundles as a mobility management tool[J]. Transportation, 2018, 46 (5) : 1951-1968.

[55] Ministry of Transport and Communications. Act on Transportation Services[EB/OL]. 2017. https://www. lvm. fi/en/-/act-on-transport-services-955864.

[56] Moovel. White Paer-Mobility in a smart city-On-demand solutions from moovel [R]. 2018.

[57] Peraphan Jittrapirom, Vincent Marchau, Rob van der Heijden, et al. Dynamic adaptive policymaking for implementing Mobility-as-a Service (MaaS) [J]. Research in Transportation Business & Management. Special Issue on Mobility as a Service, 2018, 27:46-55.

[58] Roni Utriainen, Markus Pöllänen. Review on mobility as a service in scientific publications [J]. Research in Transportation Business & Management, Special Issue on Mobility as a Service, 2018, 27:15-23.

[59] Sergio Guidon, Michael Wicki, Thomas Bernauer, et al. Transportation service bundling-For whose benefit? Consumer valuation of pure bundling in the passenger transportation market[J]. Transportation Research Part A: Policy

and Practice, 2020, 131: 91-106.

[60] Shu-Chuan, CHANG. Mobility as a Service-MeN Co Project in Kaohsiung. Transportation Bureau, Kaohsiung, Taiwan[C]. 26th ITS World Congress, 2019.

[61] Stacey Ryan. Mobility as a Service in Australia Customer insights and opportunities[R]. ITS Australia, Institute for Choice University of South Australia.

[62] Strömberg Helena, Karlsson I. C. Marianne, Sochor Jana. Inviting travelers to the smorgasbord of sustainable urban transport: evidence from a MaaS field trial[J]. Transportation, 2018, 45:1655-1670.

[63] Teemu Surakka, Fabian Härri, Tero Haahtela, et al. Regulation and governance supporting systemic MaaS innovations [J]. Research in Transportation Business & Management. Special Issue on Mobility as a Service, 2018, 27: 56-66.

[64] Tom Storme, Jonas De Vos, Leen De Paepe, et al. Limitations to the car-substitution effect of MaaS. Findings from a Belgian pilot study [J]. Transportation Research Part A: Policy and Practice, 2020, 131: 196-205.

[65] Valeria Caiati, Soora Rasouli, Harry Timmermans. Bundling, pricing schemes and extra features preferences for mobility as a service: Sequential portfolio choice experiment [J]. Transportation Research Part A: Policy and Practice, 2020, 131: 123-148.

[66] Yale Z. Wong, David A. Hensher, Corinne Mulley. Mobility as a service (MaaS): Charting a future context [J]. Transportation Research Part A: Policy and Practice, 2020, 131: 5-19.

[67] Yosuke Hidaka. Mobility as a Service Trend in Japan: Relationship of Private Company and Public Sector[C]. 26th ITS World Congress, Singapore, 2019.

[68] Yves Crozet, Georgina Santos, Jean Coldefy. Shared Mobility & MaaS The Regulatory Challenges of Urban Mobility [R]. Center on Regulation in Europe, 2019.

[69] Zhanhe Ryan Jin, Anna Zhi Qiu. Mobility-as-a-Service (MaaS) Testbed as an Integrated Approach for New Mobility-A Living Lab Case Study in Singapore [M]. H. Krömker (Ed.): HCII 2019, LNCS 11596, 2019:441-458.